Dr. Fabián Ciarlotti

Ayurveda
y Psicología

Ayurveda y Psicología
es editado por
EDICIONES LEA S.A.
Av. Dorrego 330 C1414CJQ
Ciudad de Buenos Aires, Argentina.
E-mail: info@edicioneslea.com
Web: www.edicioneslea.com

ISBN 978-987-718-560-7

Impreso en Argentina. Segunda edición.
Esta edición se terminó de imprimir en
Julio de 2018 en **Arcángel Maggio - División Libros**

Ciarlotti, Fabián
    Ayurveda y psicología / Fabián Ciarlotti. - 2a ed . - Ciudad Autónoma de Buenos
Aires : Ediciones Lea, 2018.
    128 p. ; 23 x 15 cm. - (Alternativas ; 36)

    ISBN 978-987-718-560-7

    1. Ayurveda. 2. Psicología. I. Título.
CDD 615.538

Dr. Fabián Ciarlotti

Ayurveda y Psicología

A los Tres:
Sabrina, Jerónimo, Uma

PALABRAS INICIALES

...Y final*mente* llegamos a la mente.

Ya repasamos el cuerpo físico con *Ayurveda Sanación Holística*, la veta cuántica con *Ayurveda y Metafísica*, la energética con *Ayurveda y Terapia Marma*, la cósmica con *Ayurveda y Astrología* y, más cerca en el tiempo de este nuevo libro, aparecieron los tres volúmenes dedicados al Yoga, recordamos: *Yoga y Vedanta*, *Yoga y Ayurveda* y *Yoga del Conocimiento*, los dos últimos escritos conjuntamente con mi amigo y maestro Alfredo Lauría, con quien también codirigimos el postgrado de Medicina Ayurveda para profesionales de la salud en la Universidad Maimónides.

Ayurveda y Psicología es una visión de la mente surfeando la filosofía hindú Samkhya, Vedanta, Upanishads, Bhagavad Gita y, bueno, un poco también de quien escribe; entre sucesivos viajes, convivencias, estadías en pueblos, monasterios, ashrams y universidades, y cursos hechos en la India (la cual recorrí por tierra de norte a sur y de este a oeste). Así llegué a comprender un poco más la mente hindú, por lo que me atrevo a escribir esta nueva obra.

Es innegable que uno, a la vez, vuelca opiniones, cosas personales, favoritismos por ideas, comentarios y demás. Como siempre está presente el *sutra* ("máxima, aforismo") que dice: "todo depende del observador"; éstas son opiniones de mente tan solo vistas por otra mente de mente.

Existe el proyecto de otro libro, *Ayurveda y Tantra* (aunque todavía no sé si ese va a ser el título definitivo) para el año que viene.

Ahora bien, Ayurveda es esa completa y milenaria medicina hindú que significa "conocimiento de vida", de *Ayur*: "vida" y *Veda*: "conocimiento". Una de las tantas diferencias entre esta medicina oriental y la nuestra occidental es que para el Ayurveda la dirección o su foco es ser ciencia de la vida, y para la medicina occidental la dirección es ser ciencia de la enfermedad.

La orientación de la medicina occidental nos predispone a nivel inconsciente a aceptar la enfermedad como una condición normal, cuando en realidad no lo es. El Ayurveda sostiene que no es necesario enfermar y apunta directamente a la prevención y a desequilibrios crónicos más que a la etapa aguda, donde son más importantes los avances en analgesia, antibióticos y anestesia, que conoce y muy bien nuestra medicina occidental. Por eso se complementan, en definitiva; todas las medicinas son perfectas herramientas a utilizar si es el momento oportuno.

En esta entrega no vamos a ver tanto a los Doshas o biotipos corporales (los mencionaré un poco en el capítulo 7 nomás), sino más bien vamos a referirnos a todo el complejo mental en su base, sin esa tendencia mental de los Elementos que constituyen a cada biotipo.

Es por eso que se puede directamente empezar con este libro sin haber leído ninguno anterior (igual se lo va a entender y disfrutar). Espero que así sea porque está escrito con mucho amor y algo de conocimiento.

Veremos, entonces, la visión hindú del instrumento mental con sus funciones o estratos llamado *Antahkarana,* que refleja una humilde y cuestionable opinión del Antahkarana de un occidental.

A por ella.

CAPÍTULO I

El instrumento mental

"Hay alguien en mi cabeza pero no soy yo".
Pink Floyd

Antahkarana, la mente

El ser humano es ser humano porque tiene mente.

Sentir, aprender, disfrutar, pensar, razonar, discernir, ser libre, todo esto hace de él un ser humano.

Pero la mente puede también hacer del ser humano un animal inferior, la mente puede hacer del ser humano un infierno.

Antahkarana viene del sánscrito: *antash* que significa, entre otras cosas, "final", "interior", "mente"; y *karana*: "instrumento".

Antahkarana es el instrumento interno mental (el externo son los sentidos llamados Bahyakarana que veremos luego) y según la filosofía hindú Samkhya, filosofía base del Ayurveda y Yoga que veremos al final, engloba cuatro aspectos:

- *Chitta*, relacionado con el elemento Espacio, donde encontramos la conciencia y las memorias akáshicas (*akasha* significa "espacio"), los karmas, las tendencias; secundariamente está relacionado con el elemento Aire (que en realidad hay que verlo como viento) moviendo, mejorando o empeorando la conciencia.

- *Buddhi*, que corresponde al profundo intelecto y que se relaciona con el elemento Fuego, con la luz, la inteligencia, el discernimiento o *viveka* hindú. Para el Ayurveda la mente y el intelecto son dos facultades separadas.

- *Manas:* la mente, que con dirección hacia adentro está relacionado con el elemento Aire (o sea los movimientos de los pensamientos). Manas hacia fuera es el elemento Agua, con sus emociones y apegos.

- Finalmente *Ahamkara,* el ego; relacionado con el elemento Tierra, el más denso, estático, y pesado de los componentes.

Antahkarana es también traducido como "ser interior", ya que es todo el complejo mental interno. Contiene, entonces, la conciencia, los arquetipos, las tendencias, los karmas, los registros akáshicos, el intelecto con su discernimiento, la mente con sus pensamientos, emociones y pasiones, y el ego con sus demandas, celos, ilusiones.

Antahkarana a la vez es un símbolo antiquísimo de sanación y meditación que ha sido usado en Tíbet, Japón, China, durante miles de años. Este símbolo es un mandala (cerco, círculo), tiene un poder energético muy grande y es utilizado como *yantra* (instrumento de contemplación, visualización, liberación).

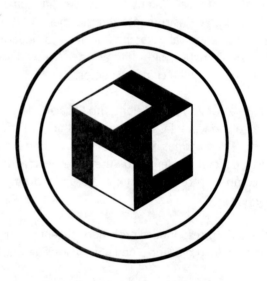

El símbolo en conjunto representa la idea de que estos componentes de la mente individual están interrelacionados y deben funcionar armónicamente, para así avanzar en nuestro camino de evolución hacia la dimensión de la conciencia de pertenencia a la Unidad cósmica y del amor divino.

Este símbolo se puede ver en dos dimensiones (como una rueda o espiral) o en tres (como un cubo). Dicen también que tiene dimensiones superiores invisibles.

El Antahkarana es un símbolo en constante movimiento. Al observarlo durante unos minutos en meditación profunda se comienzan a distinguir formas geométricas, figuras, números, letras e infinidad de cosas.

Sus tres brazos simbolizan las tres facultades de la mente individual: el intelecto *(Buddhi)*, la mente *(Manas)* y la conciencia *(Chitta)*, que se unen en el centro que representa el ego *(Ahamkara)*.

Veremos en los próximos capítulos que más allá del ego y la mente con sus posesiones y pensamientos cotidianos, está el intelecto, con el discernimiento y la aceptación. Y más allá del intelecto está la conciencia, con el saber verdadero.

Veamos una breve descripción de cada uno desde lo más denso a lo más sutil para luego, en cada capítulo, desarrollarlos un poco más.

Ahamkara es una fuerte identificación con el ego.

Cuando el 'Yo soy' *(Aham)* adquiere un nombre o forma *(nama o rupa)*, se convierte en Ego *(Ahamkara)*. En sánscrito significa *Yo proceso*.

El ego es el proceso de autoidentificación según su preferencia.

El ego responde al elemento Tierra *(prithvi)*, o sea al más concreto, pesado, inmóvil y material de los cinco elementos.

El ego vive comparándose, envidiando y, con constantes prejuicios, ve siempre para mañana y trae cosas de ayer, nunca está en hoy.

El ego es el que crea nuestra propia imagen, nuestro falso o externo yo, nos dice cómo somos. Introduce el principio de división, a través del cual la conciencia es fragmentada y dirigida hacia fuera.

El ego es el que más da consejos y crítica, y el que menos los acepta si viene de otros. La felicidad para el ego Ahamkara siempre es externa y la codicia es el hambre del Ahamkara; vive de tradiciones y costumbres de miles de años impuestas por otros egos ahamkaras.

El ego es "esto es *mío*", "*yo* soy médico", "¿cómo me pasa esto *a mí*?", "no *me* lo merezco", "esta es *mi* mujer", "*yo tengo*", etc.

Manas es el nivel más bajo mental, es la mente cotidiana con sus pensamientos, deseos, emociones, comparaciones, remordimientos, anhelos, temores, reacciones.

Relacionado con el elemento Agua *(kleda)* y el elemento Aire *(vayu)*, es la mente repetitiva sin conciencia íntimamente emparentada con Ahamkara. Juntos forman la raíz de casi todos nuestros problemas.

No se puede tener emoción, memoria o imaginación sino a través de las ondas de un pensamiento. La emoción es un pensamiento muy rápido, rapidísimo, pero sigue siendo una cadena de pensamientos.

Ahora bien… si me doy cuenta de que "pienso" significa que no soy mis pensamientos; ¿quién es el que piensa?

¿Qué hay detrás de los pensamientos?

Por otro lado, cada vez que pensamos es en algo que pasó o que va a pasar, o sea agregamos el tiempo, por eso el hombre es el único animal que sabe que va a morir, pues tiene mente.

En los sueños profundos sin imágenes oníricas el tiempo no existe pues no hay mente y, sin embargo, existo.

¿Quién está ahí?

Personalidad significa máscara, *per sona*, es por donde sale el sonido oculto tras la máscara.

Todos nuestros pensamientos se hacen cuerpo ya que son sustancias químicas llamadas neurotransmisores liberados a la sangre, todo es psicosomático o, mejor dicho, directamente no existe lo psicosomático ya que *somos* psicosomáticos, una unidad cuerpo-mente y, por supuesto, espíritu.

Vivimos la realidad en una construcción mental que los Vedas llama *Vikalpa*.

La mente, entonces, está relacionada con los elementos Agua y Aire.

Agua existe en la mente como naturaleza emocional, nuestra habilidad para conectarnos con el mundo externo. Nos da la capacidad de reunir las impresiones sensoriales y responder a ellas a través de lo que nos gusta y lo que nos disgusta, de la atracción y la aversión.

El Agua representa en la mente la imaginación, el plan y la construcción de la realidad, pero en su parte desequilibrada también es apego y avaricia.

El elemento Aire es la base de la voluntad, la motivación y la acción en el mundo externo. Es la parte de la mente que fluye hacia fuera por medio de los pensamientos, buscando encarnarse en la materia y acumular para sí las cosas del mundo exterior.

Buddhi, relacionado con el elemento Fuego *(agni)*, es el intelecto, la visión en todo sentido, el auto conocimiento, la auto indagación, el aprendizaje, la educación, el conocimiento, el juicio.

Es el guardián de lo que entra por los sentidos, quién dice lo que está correcto o lo que no, el discernimiento o *viveka*.

El intelecto Buddhi es también el que digiere las experiencias y emociones por medio de la aceptación y el desapego del resultado de sus acciones.

Sin un buen Fuego que divida bien las cosas, la conciencia se hace lenta y pesada como una indigestión. Ayuda a convertir las cosas en formas más sutiles para nutrir nuestra conciencia. Digiere nuestros pensamientos, sentimientos e impresiones y nos permite extraer conocimiento para la comprensión de la realidad, que nunca puede estar en un extremo.

El Fuego existe en el intelecto como racionalidad y discernimiento, facultad que nos permite percibir y juzgar cosas.

Nuestra determinación profunda de lo que es verdadero y falso, de lo real y lo irreal, lo bueno y lo malo, lo valorable de lo que no tiene valor, nos viene de esta capacidad de medir y evaluar.

Está mediando entre el centro interno de la conciencia y la mente externa con las funciones sensoriales.

Nos permite saber cuál es el significado profundo de lo percibido y es a la vez la digestión mental de lo que estamos percibiendo.

La inteligencia es la parte de nuestra conciencia que articula la racionalidad y nos trae la luz, para tomar decisiones y determinaciones correctas (o sea lo más cercano a lo natural).

Chitta es la mente profunda relacionada con el elemento Espacio *(akasha)* y secundariamente también es Aire *(vayu)*, pero acá el movimiento es hacia el corazón del amor y del saber, las dos fuerzas más integradoras.

En el elemento Espacio en Chitta encontramos las memorias de todo tipo, los karmas, los arquetipos, las tendencias *(vasanas)*, las impresiones o surcos *(samskaras)*, las memorias akáshicas. Es la memoria en todo sentido: cósmica, cognitiva y experimental, solo en el ser humano está relacionada con el intelecto.

En el elemento Espacio (y en Aire) en Chitta encontramos la conciencia, el conocimiento directo, la intuición, lo atemporal y lo cuántico.

La raíz de la palabra *Chitta* es Chit (del Tres *Sat Chit Ananda*). *Sat*: "existencia".

Chit: conciencia. *Ananda*: felicidad plena incondicionada e ilimitada. Felicidad sin causa externa, simplemente por ser.

La conciencia es la vibración más alta, el saber sin pensar, la intuición, la clarividencia, la telepatía; es vivir sin agregar mi ego con sus prejuicios y apegos pues no todo el complejo Antahkarana es nuestro problema sino la mente y el ego.

Chitta no está en el cerebro sino en el corazón.

Es, entonces, el estado de conciencia pura sin agregado de mis pensamientos.

Es muy difícil definir la conciencia ubicada en Chitta; podemos comprender lo que es pero no explicarla, ya que es la raíz de todo conocimiento.

Al nacer somos conciencia pura, sin ideas, religión, sociedad ni pensamientos.

La conciencia es la sabiduría que se aplica a cualquier situación.

Creo que ha llegado el momento de repasar Antahkarana y sus funciones o estratos, para recordar e integrar:

La conciencia, acabamos de ver, está más allá del intelecto, no necesita pensar ni saber, no sabe de religiones, morales, política o geografías. Es también intuición, telepatía, sincronismo, todas funciones cuánticas que habitan en Chitta.

Buddhi es discernimiento, indagación, aprendizaje, educación profunda, auto conocimiento, juicio. Es el guardián de lo que entra por los sentidos y quien profundamente sabe lo que está bien o lo que está mal por medio del discernimiento.

Manas es la mente más superficial o cotidiana, las órdenes y opiniones, es la atracción, el deseo, el trabajo, el imaginar, comparar, prejuiciar, etc.

Ahamkara, como está compuesto sutilmente por el elemento Tierra, es una dura y pesada identificación con el ego. Es la noción-ilusión-engaño de la realidad a través de los sentidos. Es el que se interpone en la percepción e impone su propia opinión.

Chitta es el verdadero Ser, está más allá de la mente, es el atman, también llamado *jivatman* o alma individual, por *jiva*: individuo.

Antes de seguir valga una aclaración, no se asusten con los nombres en sánscrito (y no hace falta aprenderlos). Les recomiendo un poco de paciencia, ya promediando el libro verán que sin quererlo empiezan a conocer otro idioma. Además, si quieren ampliar sus conocimientos, no es lo mismo buscar "intelecto" que Buddhi o Antahkarana en vez de "mente". Los resultados serán distintos.

El hombre, ya dijimos, es superior a los demás animales, entre otras cosas por tener raciocinio, libre albedrío, inteligencia y conciencia. Estas herramientas son la llave para manejar nuestros actos, nuestras reacciones, nuestros pensamientos, nuestras emociones.

La conciencia, en realidad, no es una herramienta como la mente o el intelecto, la conciencia es nuestro propio y real ser, y expandirla significa reestructurar todo lo que pensamos y sentimos.

La conciencia alimenta a la inteligencia y la inteligencia alimenta a la conciencia.

La psicología Ayurveda es autoconocimiento y autotransformación, ya que una de las causas del sufrimiento humano depende de lo sometidos que estemos a las exigencias y deseos de nuestro ego.

El estado de conciencia en que vivimos es el resultado de nuestra propia voluntad. El mundo es como uno es, si uno es complicado, todo es complicado; si uno es simple, la vida es simple.

En esta era moderna las comodidades materiales son muchas y, sin embargo, la vida individual es más tensa, superficial y desvalida.

Para cambiar el nivel de conciencia es necesaria una buena nutrición mental, tal cual sucede en el cuerpo físico con su alimentación. Nuestro intelecto es lo que entra, lo que digerimos, lo que absorbemos y lo que sacamos.

Muchas de las enseñanzas de los Vedas, del Yoga, del budismo, están en forma de sutras (especie de máxima incuestionable, aforismos que se aprendían de memoria ya que no había papel ni lápiz).

Desde chico cuando leía un aforismo sentía que algo me dejaba reflexionando. Me acuerdo ahora de José Narosky. Pero si tenía un libro lleno de aforismos ya la cosa se desdibujaba: yo los leía cada vez más rápido. En India comprendí que cuando uno lee un sutra debe bajar mucho la velocidad de lectura, leer uno por vez, parar y entonces sí, pensar, reflexionar, divagar...

Es por eso que al leerlos se debe disminuir la velocidad de lectura considerablemente. No hay que captarlos activamente sino receptiva y espiritualmente.

Dicen que es mejor aun si uno los lee en voz alta, los recita o canta, así uno lo dice y lo escucha al mismo tiempo, acercándose a los mismos en forma pasiva, lenta y devocional.

Terminemos este capítulo con algunos sutras sobre la mente Antahkarana, antes de ver en detalles sus componentes.

La mente tiene vida propia.

La felicidad no es un lugar ni un objeto, sino un estado de conciencia.

Los pensamientos pueden ser tontos, la conciencia nunca.

Aprender es cambiar de opinión.

No hay lugar en el cuerpo humano donde la mente no esté.

CAPÍTULO II

Ahamkara, el ego

"El ego solo comprende el lenguaje de recibir,
el amor es el lenguaje del dar".
Osho

Sigue diciendo Osho luego del sutra de inicio: "El ego solo comprende el lenguaje de recibir, el amor es el lenguaje del dar sin esperar nada a cambio. En tanto uno sufra de egoísmo, idioma del ego, su conciencia no podrá brillar. Por lo tanto, se deben hacer esfuerzos desde el principio para quitar la cubierta impuesta por el ego. Si queremos cambiar de nivel de conciencia, tenemos que parar el ego. El ego Ahamkara es mi persona sin nivel de conciencia ni discernimiento.

Para la mente y el ego, el amor sencillamente no existe".

Dijimos antes que cuando el "Yo soy" *(Aham)* adquiere una forma o nombre se convierte en Ego *(Ahamkara)*. Kara (de *Akar*) quiere decir forma. Corresponde al elemento Tierra, el más concreto y material de los cinco elementos.

Veamos algunas de sus características.

El ego (recordamos *Ahamkara*, lo llamaremos de las dos maneras indistintamente) es la identificación con la mente y el cuerpo, con las posesiones, con el nombre, con el trabajo que uno hace, con el conocimiento, con inclinaciones religiosas, culturales, regionales, nacionales… y no somos ninguna de ellas.

El ego afecta todas las funciones de la mente, altera la noción de la realidad interponiéndose en la percepción e imponiendo su propia opinión.

El ego es el yo externo, repleto de deseos y pensamientos, todos ellos cambiantes.

Ahamkara vive en estado de permanente insatisfacción, siempre le falta algo en su vida, buscando así la salvación en el momento siguiente.

Cree que el futuro es más importante que el momento presente, ya que el ego es también pensamiento.

Y el pensamiento, como veremos luego, es el tiempo.

La vanidad es del ego, es pasarse la mayor parte de la vida sintiéndose ofendido por algo o alguien. Nos identifica con una imagen a tal punto que por lo general se hiere si ve a alguien más guapo que uno, si tiene más dinero o es una persona más culta.

Otras cualidades del ego son la comparación, el remordimiento, el miedo, la mitomanía con sus delirios de grandeza, la egolatría, la paranoia, la autosuficiencia, el engreimiento, el creerse infalible, la soberbia... Como se darán cuenta, nuestro ego es bastante desagradable.

Y la religión, los dioses, la sociedad, el matrimonio, y prácticamente todo si uno se pone a pensar, es un juego del ego y de la mente.

Muchos egos son creyentes teóricos y ateos prácticos; a veces en muchas personas las filosofías espirituales hindúes (Yoga, Samkhya, Vedanta) se tornan en palabras huecas como sadhanas, meditación, kriyas, brahmacharya... tan solo para parecer y no para ser.

En realidad no existen lugares sagrados, o mejor dicho, todos los lugares son sagrados. Si hubiera nacido en la India o Arabia tendría otra religión, otra moral y otras costumbres; tendría otra mente, *total mente* distinta.

Ergo, todo lo que está en nuestra mente es prestado, impuesto de afuera con violencia sin siquiera preguntar (por ejemplo, si quiero ser de una religión o no). Aparte de permitir sacar registro para conducir a los 18 años, también tendría que ser posible cambiar de nombre, religión, credo, etc.

El ego es cada vez más serio, cuanto más crece está más seguro de que no debe hacer las cosas de otro tiempo atrás; cuando en realidad el niño no muere para dar lugar al joven y éste tampoco muere para dar lugar al adulto. Yo tengo 50 años, pero también tengo 4, 8, 15 y hasta 50, ¡puedo tener la edad que quiera!, es más, cada vez me siento más joven y libre al ir dejando las pavadas y mentiras que me inculcó la sociedad donde me tocó caer.

La belleza está adentro, en la inocencia y en la sencillez, y no en el perfume o la ropa. Es lindo ver lo atractivo por simple y sencillo, y feo ver el ingenio para aparentar; ahí de nuevo está el ego enmascarando, actuando, falseando, mintiendo.

El ego Ahamkara intenta fabricar la felicidad con reuniones, juegos, fiestas o en una fecha determinada; cuando en realidad ser felices depende más de nosotros mismos que de los hechos externos. Crea toda una serie de hábitos y a menudo se convierte en su esclavo.

El ego cree que se va a completar en el futuro, llegando a un puesto o a tener una pareja, como dice E. Tolle "vivir el momento presente es la única forma de estar completo", pero también es el único lugar donde el ego no buscaría cómo completarse.

El ego es una fuerza rajásica que si es guiada por la mente siempre va para afuera. No tiene aceptación, discute con lo que es... y lo que es es indiscutible, pues ya es. Siempre culpa de todo a los otros, siempre es el otro el que te hace sufrir.

Cuando actúa en relación con otro ego, por ejemplo en los matrimonios, vemos muchas parejas que se demandan, se tienen celos, no se soportan más, se espera siempre algo del otro, se pasan factura constantemente de hechos pasados; será por eso que con el modelo de familia viejo que nos condicionaron, más de la mitad de las parejas ya se separaron, y otro tanto están juntos pero en realidad no lo están.

El modelo de amor actual (con la obligación de estar juntos) no es más que demanda, celos, dinero, esperar algo de alguien, culpas: una forma atenuada de odio.

Pero no se separan por los chicos, por dinero, por costumbre o lo que sea.

También es verdad que muchos no están preparados para vivir solos. Poca gente está bien sin necesidad de pareja, hijos o una determinada posición social.

El pensamiento va en una dirección, la palabra en otra y la acción, también, en otra. Cada vez estamos más fragmentados, nos vamos haciendo pedazos.

Si estoy bien solo, pues estaré bien siempre.

El ego automatiza absolutamente todo en la vida: amar, comer, caminar, trabajar... y ya lo hacemos tan eficientemente que es algo mecánico, automático y no sentimos la gran mayoría de las acciones que hace nuestro cuerpo.

El ego, entonces, es el falso yo repleto de deseos y pensamientos, todos ellos cambiantes. Su identificación con el cuerpo y los pensamientos es lo que promueve el sentimiento de "yo soy el hacedor" (Ahamkara).

Dice Sai Baba (que significa "mamá" "papá"), "Si el Ahamkara desaparece, la liberación se alcanza. Si alcanzamos la unidad disolviendo nuestro ego y su terrible dualidad, no sólo nos sentimos como uno con los otros seres humanos, sino con todos los seres de la creación, animados e inanimados. No soy mi cuerpo; estoy en él, es mi vehículo, pero soy mucho más que él ya que no muero con él".

El ego es lo más bajo. Los sentidos son más sutiles que el cuerpo y que el ego, la mente es más sutil que los sentidos y el intelecto es mucho más sutil que la mente. El alma es el más sutil de todos ellos.

La mente en conjunto es un instrumento maravilloso y no hay duda de ello, pero al creer que la mente lo es todo, se transforma en un arma letal y, como toda herramienta útil (la palabra, el cuchillo, el dinero), puede hacer bien o hacer mal.

Esa atención que le ponemos a algo y esa intención o voluntad, están distorsionadas por el ego, con sus deseos, huellas, tendencias, emociones.

Para el Ayurveda, la mente profunda y la conciencia están en el corazón, no en el espacio anatómico sino en el espacio sutil energético.

El camino a hacer es ascender y luego trascender el ego. Quien al nacer habita en el 1er. Chakra (rueda o remolino energético) y es solo supervivencia y alimentación, luego pasa a la etapa sexual y a la de la creatividad (2do. Chakra), luego a la adquisición de poder (3er. Chakra) para ir ascendiendo hacia el amor, la espiritualidad y, finalmente, a la liberación (7mo. chakra). Son pocos los que pasan de los primeros chakras.

La psicología hindú desde siempre dice que el secreto está en la auto indagación, en el auto conocimiento y en guiar los pensamientos para que actúen como puente hacia la conciencia, y no tan solo como fuerza rajásica hacia afuera. Como nuestra atención e intención es dirigida hacia afuera, la felicidad dependerá de lo externo, ya sea dinero, poder, fechas o aniversarios, pareja, posesión, sexo.

El ego trae cosas de afuera, vive acorde a ellas y nos hace dependientes; nuestra alegría y felicidad responderán siempre a cosas externas.

Quero aclarar que la idea no es que no hay que tener dinero o posesiones, sino qué sentido les damos.

Dijimos antes que personalidad significa máscara, *per sona*, es por donde sale el sonido oculto tras la máscara.

Tenemos distintas máscaras según con quién y dónde estemos y nunca llegamos a ver al verdadero actor.

¿Quién soy de todos los que soy?, soy muy distinto a como soy como hijo, amigo, papá, amante, profesor, etc.

El ego es el causante de la mayoría de nuestros problemas personales y sociales: "me gusta", "lo quiero", "lo odio", "es bajo". A la vez, y como vimos cuando hablamos de los sentidos, usa la mente para justificar sus acciones, para imponer su propia opinión de la verdad.

¡Cuántas veces aparece el ego con esa idea de controlar a los demás e intentar manejarlo a su gusto o conveniencia!; el fracaso al intentarlo es una de las causas que alimentan los resentimientos que acumula.

"No es como yo quiero!", el resentimiento que de ello se deriva comienza a dominarnos y sólo produce frustración, a veces dolor y siempre infelicidad.

Pero, "¿por qué no cambia?", preguntamos.

Sabemos que somos únicos en el mundo y que jamás hubo ni habrá otro igual… ¿no somos divinos?

El sexo crea celos por el sentido de posesión del ego ahamkara. El otro ego siente celos como si no supiera que el sexo y el amor pueden ir separados.

El amor del ego es tan solo una palabra que oculta otra: sexo.

Ego, religión, sociedad… si los involucrados están de acuerdo, ¿por qué no se puede tener sexo con quien se quiera? (Ahora, desde ya, con preservativos).

Osho decía que todas les religiones del mundo critican al sexo pues están formadas y creadas por hombres, creyendo que así es la única forma de poseer a la mujer. Dalai Lama, el Papa, el Mesías, todos son hombres.

El hombre puede tener orgasmos unas pocas veces, pero la mujer puede estar teniendo sexo horas y horas, de ahí que históricamente fueran sometidas. Antes a las adúlteras se las quemaba vivas, luego se las mataba a pedradas *(el que esté libre de pecado que tire la primera piedra)*, en los tiempos recientes tenían que llegar vírgenes al matrimonio y estar con su pareja "hasta que la muerte los separe" (¿augurio o castigo?). Aún hoy en muchas partes de Oriente eligen los padres el marido de sus hijas cuando tienen 13 años o antes.

En el Occidente, en cambio, parece que ahora se va al otro extremo, tal vez por los Principios de Hermes de Polaridad y de Causa y Efecto; es la compensación en el ritmo para luego reencontrarse con el medio.

No se puede poseer a nadie y si uno quiere tener a alguien debería hacerlo con las manos abiertas.

¡Cuántas barbaridades se hacen en nombre del amor y de Dios!

El ego y la mente viven sintiéndose culpables por el condicionamiento que ellos mismos se impusieron.

Es cierto también que uno al querer librarse del ego o de la mente, a veces es el mismo ego actuando, mintiendo y falseando; el mismo que tal vez se hace el humilde, el meditativo, el religioso o el espiritual.

Si al ego lo veo y lo puedo manejar y transformar a través del intelecto, significa que no soy yo. Cuando estoy en sueño profundo muere mi mente y mi ego, pero yo no muero. Entonces, ¿quién soy yo?

¿Qué habrá detrás de la mente y de los pensamientos?

Es muy diferente pensar a saber que se piensa. Cuando comprendemos que estamos pensando, ¿quién piensa?

La conciencia se diferencia de la mente pues tiene una función específica y un movimiento sutil. De allí que se diga que en Oriente se es testigo y en Occidente se analiza.

Los orientales dicen que no interfieren en el ego o la mente, sino que los miran desde arriba, pues para interferir hay que separarse de la mente como si se fuera otra persona, evaluar y ser consciente de lo que digo y hago.

Así como hay dos polos en un imán, uno positivo y uno negativo, las personas también cargamos con dos personajes en disputa; uno de ellos es el que se afana por el éxito material y el otro el que aspira a elevarse espiritualmente. Veamos lo que dice Sogyal Rinpoche en la obra *El libro tibetano del vivir y del morir*: "Dos personas han estado viviendo en ti durante toda tu existencia. Una es el ego: charlatana, exigente, histérica, calculadora; la otra es el ser espiritual oculto, cuya queda y sabia voz has oído y atendido sólo en raras ocasiones".

Se puede ser altruista y bondadoso para solo mostrarse ante los demás... eso también es ego.

Ya dijimos que el ego crea nuestra propia imagen, nuestro falso o externo "yo" que nos dice cómo somos e identifica con un objeto o una imagen. La felicidad para el ego vimos que es externa, es consumar un deseo o lograr un objetivo, ya sea comida, sexo, fiestas o poder, entonces ahí se es feliz; para continuar siéndolo debemos seguir haciendo lo mismo. Distinto es el estado de ananda o felicidad de bienaventuranza que sale de nuestro interior, esa felicidad plena y eterna sin causa alguna más que la aceptación y el contentamiento *(santosha)*.

El ego también es el que te hace un regalo y después te ata a él o te dice para qué es. Te regala algo y se enoja si no lo usás, lo cambiás o lo volvés a regalar ("no me querés..."). El ego te ata a los regalos y luego te demanda y espera cosas del regalado...

También es el que te pregunta tantas veces si estás mal o que se te ve mal, ¡que al final te pone mal si no lo estabas!

Es el que cuando se equivoca dice: "y aquel día vos también te equivocaste...", o "¡qué!, ¿acaso vos no te equivocás también?", o "acaso yo no puedo equivocarme?", en vez de rendirse a la situación y decir tan solo "perdón...".

Por favor, Perdón y Gracias rezaba el título de un cd de León Gieco, pero esas no son cosas del Ahamkara.

El ego está reflejado en la expresión "yo tengo" mientras que el espíritu lo está en la expresión "yo soy".

"Yo tengo" significa posesión, control, seguridad, pasión, soledad, envidia, poder, reconocimiento, avaricia y lástima.

"Yo soy" significa fusión con todo y todos, amor incondicional, aceptación, confianza, desprendimiento.

El ego y la mente son las causas de la mayoría de nuestras enfermedades. Digamos las tres cuartas partes de la enfermedad. Puedo tener el cuarto restante perfecto (comer lo apropiado, higienizarme, meditar, etc.) pero si la mente está mal, no sirve, igual caigo enfermo. Puedo hacer de la comida más pesada algo maravilloso, es que si la mente y el ego están controlados es difícil que aparezca enfermedad.

El ego sufre las impresiones que dejan su profunda pasión y apego *(kashaya)* a lo que sea, pareja, trabajo, deporte, posición, etc.

El ego también se encuentra y emite toda clase de prejuicios poseído por creencias, posturas, compulsiones, comparaciones, deseos y aversiones que lo mantienen preso de angustia, insatisfacción y de toda clase de sufrimiento. Siempre que expresamos una opinión acerca de algo, lo juzgamos según nuestras creencias y prejuicios.

Me despido de este capítulo con un lindo cuento que leí alguna vez:

"En cierta ocasión, durante una elegante recepción de bienvenida al nuevo director de marketing de una importante compañía londinense, algunas de las esposas de los otros directores, que querían conocer a la esposa del festejado, le preguntaron con cierto morbo:

–¿Tu marido te hace feliz?

El esposo no estaba su lado, pero sí lo suficientemente cerca para escuchar la pregunta, prestó atención a la conversación e incorporó ligeramente su postura, en señal de seguridad, y hasta hinchó un poco el pecho, orgullosamente, pues sabía que su esposa diría que sí, ya que ella jamás se había quejado durante su matrimonio.

Su ego Ahamkara estaba actuando en espera.

Sin embargo, para sorpresa suya y de los demás, la esposa respondió con un rotundo:

–No, no me hace feliz.

En la sala, de golpe, se hizo un incómodo silencio como si todos los presentes hubieran escuchado la respuesta de la mujer.

El marido estaba petrificado. No podía dar crédito a lo que su esposa decía y menos en un momento tan importante para él.

Ante el asombro del marido y de todos, ella simplemente se acomodó enigmáticamente sobre su cabeza su elegante chalina de seda negra y continuó:

– No, él no me hace feliz… ¡Yo soy feliz…! El hecho de que yo sea feliz o no, no depende de él, sino de mí. Yo soy la única persona de quien depende mi felicidad. Yo determino ser feliz en cada situación y en cada momento de mi vida, pues si mi felicidad dependiera de otra persona, de otra cosa o de alguna circunstancia sobre la faz de esta Tierra, sería momentánea".

Y es verdad, hay mucha gente que dice: "no puedo ser feliz porque estoy enfermo, porque no tengo dinero, porque hace mucho calor, porque me insultaron, porque alguien ha dejado de amarme, porque alguien no me valoró, etc.; pero en realidad se puede ser feliz aunque uno esté enfermo, aunque haga calor, tenga o no dinero, inclusive cuando padecemos un dolorfísico o mental.

Ser feliz es una actitud de cada uno ante la vida, depende de uno y no de afuera.

Ser feliz es una decisión.

CAPÍTULO III

Manas, la mente

*La realidad nunca falla,
lo que falla son nuestros pensamientos
que pretenden ser la realidad.*

La palabra "mente" viene de la palabra sánscrita *manas (man:* "pensamiento"), y no casualmente de ésta también deriva la palabra inglesa *man*, análogamente el hombre es su pensamiento, el hombre es su mente. Para otros, mente está relacionada con *medir...* y para otros con *mentir*, y al parecer las tres cosas pueden ser posibles y mucho más también (como todo lo de origen sánscrito, que puede significar muchas cosas y hasta aparentemente contradictorias entre sí).

Para facilitar su comprensión, se subdivide a Manas en otras tres fuerzas o vibraciones: Pravritta, Adhyatma y Prabuddha Manas.

Desde ya, toda división es arbitraria, no hay nada que actúe solo y menos en el increíble complejo mental que tenemos los seres humanos.

Pravritta *(antes del pensamiento)*

Pravritta Manas es Manas en el Sistema Nervioso Autónomo (SNA), sistema nervioso vegetativo o sistema neurovegetativo. Es la mente animal, de supervivencia, la mente secreta (*Gupta* Manas).

El SNA regula la actividad de los músculos lisos, del corazón, las glándulas, los vasos sanguíneos y linfáticos, el ritmo cardiorrespiratorio, etc.

Cuando termino de tragar un alimento ya perdí control sobre él y pasa al SNA. Recién intervengo algo en la expulsión, mientras tanto ese alimento se digirió, absorbió y pasó a ser parte de mi cuerpo sin darme cuenta conscientemente.

Todos los tejidos del cuerpo están inervados por fibras nerviosas del sistema nervioso autónomo, quien se divide funcionalmente en Simpático y Parasimpático.

El SNA Simpático es la parte activa, de polaridad positiva, de atención, alarma, arranque, de cualidad Pitta y con noradrenalina como neurotransmisor (por ello también es llamado sistema adrenérgico o noradrenérgico). Está constituido por una cadena de ganglios de ubicación toracolumbar e implicado en actividades que requieren gasto de energía.

El SNA Parasimpático es la parte pasiva, lo oscuro, la estabilidad, la quietud, de cualidad Kapha en su componente craneal (los pares craneales parasimpáticos) y en su componente sacro. Lo forman ganglios aislados y usa la acetilcolina como neurotransmisor, por ello es también llamado sistema colinérgico. Está encargado de almacenar y conservar la energía.

El Simpático está relacionado con Pitta a nivel tóraco abdominal, ya dijimos, y para los que conocen, está relacionado con su sub-dosha más importante que es el Pachaka Pitta, relacionado también con la energía rajásica, con la alerta y la violencia.

El Parasimpático está relacionado con el subdosha más importante de Kapha, el Tarpaka Kapha, la quietud, la lubricación del cerebro y el líquido céfalo raquídeo, la tolerancia. Vata regula a ambos.

El SNA recibe también información de las vísceras y del medio interno, para actuar luego sobre sus músculos, glándulas y vasos sanguíneos; es involuntario, activándose principalmente por centros nerviosos en el tallo cerebral e hipotálamo y otros situados en la médula espinal llamados Chakras (ruedas). Algunas porciones de la corteza cerebral como la corteza límbica pueden transmitir impulsos a los centros inferiores y así influir en el control autónomo.

El SNA es sobre todo un sistema eferente e involuntario que transmite impulsos desde el sistema nervioso central hacia la periferia, estimulando los aparatos, sistemas y órganos periféricos.

Vimos que estas acciones incluyen el control de la frecuencia cardiaca y la fuerza de contracción, la contracción y dilatación de vasos sanguíneos, la contracción y relajación del músculo liso en varios órganos, la acomodación visual, el tamaño pupilar y secreción de glándulas exocrinas y endocrinas, la regulación de funciones tan importantes como la digestión, la circulación sanguínea, la respiración y el metabolismo.

También el SNA funciona a través de reflejos viscerales, es decir, las señales sensoriales que entran en los ganglios autónomos. La médula espinal, el tallo cerebral o el hipotálamo pueden originar respuestas reflejas adecuadas que son devueltas a los órganos para controlar su actividad. Reflejos simples terminan en los órganos correspondientes, no necesitan subir hacia el cerebro, mientras que reflejos más complejos son controlados por centros autonómicos superiores en el sistema nervioso central, principalmente el hipotálamo.

Pravritta manas, la mente del SNA, es la mente instintiva, animal, carente de intelecto o raciocinio.

Adhyatma Manas,
(adhy, el supremo; atman, el Ser, el alma)

Es la mente espiritual que según maestros védicos en la mayoría de los seres humanos está dormida (*Supta* Manas) o inactiva.

"Una persona siembra un pensamiento y recoge una acción.
Siembra una acción y recoge un hábito.
Siembra un hábito y recoge un carácter.
Siembra un carácter y recoge un destino".
Sivananda.

En vez de luchar contra un mal hábito, es más productivo construir un mejor hábito para reemplazarlo, se gasta menos energía haciendo algo que preocupándose por ello. Y para reemplazar los hábitos es mejor y más kármico hacerlo con nuevos hábitos de servicio y amor hacia todo.

El hecho de estudiar profundamente la mente puede hacer de una persona un psicólogo, pero sigue enrollado en la mente. No se le puede ganar a la mente con la mente, la mente espiritual trasciende la mente del pensamiento por ser devocional de la vida.

La indecisión es el más caro de todos los hábitos, en cambio la acción espiritual es la acción intuitiva dhármica, la correcta, la que no espera nada a cambio. La que ve que la vida no es nuestra sino que se expresa a través de nosotros.

Aradhana es una propiedad de Adhyatma Manas, es el servicio a la sociedad, a la comunidad, a la vida. Y no solo no tirar la basura sino hasta recoger alguna que no tiramos, sin esperar nada a cambio y sin que nos estén siquiera viendo. Hacer sin esperar nada a cambio, solo por el hecho de hacer lo correcto. El ego enseguida piensa: "si yo no lo tiré, ¿por qué lo voy a recoger?".

En definitiva, el hombre actual es un ser social, nace, crece se desarrolla y vive en sociedad, retribuyéndole a la sociedad pues esto vuelve (karma).

Vivimos en una gran familia mundial que ya los Vedas llamaban *vasudhaiva kutumbakam*; no importa el nombre pero se trataba de una sola familia, un solo país, una gran nación, un mundo. Como dijo John Lennon: "imaginate un mundo sin fronteras ni religiones".

Lo espiritual a veces se confunde con lo moral o ético, pero estas dos cosas varían acorde al tiempo y a la geografía del lugar (tiempo y espacio, kala y akasha).

Lo espiritual también se cree que es lo religioso y lejos está de ello.

Al nacer no somos musulmanes, ni católicos ni judíos. Venimos puros, en blanco, salvajes e inteligentes, pero nos abalanzamos sobre el recién nacido para ponerle nuestro nombre, para darle nuestra religión y nuestras patológicas mentes. Lo bautizamos, circuncidamos y esclavizamos para que él no piense ni pueda elegir.

Entonces, ¿depende de la geografía del lugar donde nazca la religión que voy a tener?

Uno se cree religioso por ir a la iglesia o a un templo y por repetir oraciones prestadas que no tienen nada que ver con su Ser.

Si vos, mujer, hubieras nacido bajo otra religión tendrías que taparte tu rostro toda tu vida, otra religión te mutilaría, otra te obligaría a hacer cosas innaturales, otra te elegiría marido y si éste muere jamás podrías estar con otro... ¡eso no es espiritualidad! Son sólo historias mentales y viejas tradiciones machistas que no tienen nada que hacer ya.

Yo, sin saber bien lo que hacía, tomé la comunión y la confirmación con un sacerdote. Luego me di cuenta de que los sacerdotes no han contribuido a nada, ni a la inteligencia humana, ni al arte, ni a la música o a la danza, y que la iglesia no es más que una institución política que busca el poder. Muchos religiosos tienen ese antinatural voto obligado de castidad... no se puede ir contra los instintos sin pagar un precio y ya varias pruebas de ello vemos a diario.

La verdadera religión, de todas maneras, no necesita mediadores, es tan solo amar a todos y todo.

Como dijimos, la mente religiosa es creyente mental pero atea práctica. Es distinto tener una mente religiosa que ser religioso.

Por supuesto que también hay sacerdotes y monjas profundamente religiosos. Y no puedo dejar de nombrar a la Madre Teresa de Calcuta; de admirable devoción a la vida.

Prabuddha *(antes de la iluminación)*

Manas es la que contiene en realidad a Manas propiamente dicha, la mente con los pensamientos, que duda, compara, analiza, delibera y vive en una dualidad donde la felicidad es condicionada (está feliz si hay placer o infeliz si hay displacer).

El cerebro es el escenario donde la mente actúa; es su vehículo. Es estructura y materia, como el hueso y el hígado un órgano; en cambio, la mente no es un órgano ni una entidad, sino tan sólo nuestros pensamientos; pensamientos que van tan rápido que nos parece que hay continuidad.

Así como el cielo es el escenario donde se expresa el clima, la mente es el escenario donde están los pensamientos.

Los pensamientos no son más que sinapsis o unión entre muchas neuronas con liberación de neurotransmisores. Son estructuras atómicas, materiales.

El verdadero Ser está más allá de la mente, para los Vedas es el Atman (traducido muchas veces como "alma") también llamado Jivatman o alma individual, por Jiva, "individuo".

El elemento Agua existe en Manas como naturaleza emocional y el elemento Aire es nuestra habilidad para conectarnos con el mundo externo.

Ambos elementos nos dan la capacidad de reunir las impresiones sensoriales y responder a ellas a través de los que nos gusta y de lo que nos disgusta, de la atracción y la aversión.

Ambos elementos también representan en la mente el plan y la construcción de la realidad, la base de la voluntad, la motivación y la acción en el mundo externo. Es la parte de la mente que fluye hacia afuera buscando encarnarse en la materia y acumular para sí las cosas del mundo exterior.

No se puede parar la mente o los deseos, pero sí comprenderlos, ir detrás de ellos a buscar al Ser, y como Ser, observar y ser testigo de lo que le pasa al ego sin involucrarse corporalmente.

El Yoga *(unión)* es una filosofía mental mucho más que las posturas físicas que el Occidente cree que es, su principal sutra o aforismo dictado por Patanjali es parar las ondas o vibraciones mentales *(citta vritti nirodhah)*.

La filosofía Vedanta, por su parte, recomienda separarse de manas por medio de la auto indagación *(vichara)* y auto conocimiento *(atma bodha, conocimiento del alma)*.

El sabio no puede ser sabio a menos que mate su personalidad y establezca la no personalidad, dice Lao Tsé *(viejo sabio)*.

El budismo habla del camino del medio que veremos luego.

Todos caminos para bajar la mente.

Separándonos de nuestra mente y viéndola desde afuera como una herramienta útil, podemos cambiar absolutamente todo.

Volvemos a lo de siempre, todo depende del observador.

Por debajo del hombre están los animales, las plantas y los insectos, ellos son casi autómatas, gobernados por un espíritu superior o espíritu de grupo.

Un tigre nace y no tiene que hacer nada para ser tigre. Los animales, plantas y microorganismos no se apartan jamás de su principio de vida y armonía, sencillamente no pueden, no tienen libre albedrío ni inteligencia.

Por encima del hombre están los maestros ascendidos, los seres cósmicos, iluminados, dioses y reencarnaciones, quienes tampoco se apartan jamás de sus principios, ya que los trascendieron, están más allá de los mismos.

En el medio estamos los pobres y comunes seres humanos luchando con nuestra feroz y mentirosa mente.

El alimento y el sexo son los dos grandes deseos del hombre, decía Confucio, pero la idea no es estar en contra de los deseos ya que cuando el deseo está en armonía con la acción correcta, es un don para disfrutar la vida.

El desapasionarse y desapegarse es la ausencia del deseo de gozar de los resultados de nuestras acciones, ya que uno hace la acción correcta sin esperar algo de esa acción (*dharma,* lo veremos junto a karma).

La mente es el pensamiento y uno se identifica con los pensamientos, uno cree que es los pensamientos cuando, en definitiva, el pensamiento es agregar tiempo y ego.

Pensamos todo el día en cosas que pasaron o que van a suceder y eso significa agregar tiempo por un lado y por el otro ver que es el ego el que piensa y no la conciencia o intelecto profundo. Ergo, todo estará sobre un diagnóstico errado.

La mente es la otra cara del tiempo.

Nunca vivimos el momento; si se vive en el momento no se piensa, pues al pensarlo ya el momento pasó.

Nuestra mente divide todo en períodos exactos: años, meses, horas y segundos, trabajar, jugar, reír y comer cuando el tiempo lo dice, amar con un tiempo y orden establecido, adorar a los dioses según lo que nos impusieron e inclusive rezarles a cierta hora... ¿qué es esto?

Divertirse y regalar sólo con un motivo o fecha prefijada, pareciera que todos nuestros actos ya están preestablecidos con precisión y orden según las reglas sociales en cuestión.

El momento se vive con la conciencia y para llegar a ella es el intelecto el que debe guiar a la mente.

La mente es la que tiene miedo de morir porque no entiende su verdadero Ser donde está. Inventa religiones, dioses, seguros sociales, sociedades, clubes, asociaciones, iglesias, templos, santuarios, etc., no quiere ni sabe estar sola. El miedo para la psicología hindú surge de la ignorancia de mi propio yo, de ese error básico del intelecto conocido como Prajña Paradha.

Todas nuestras acciones nacen de pensamientos, rituales, dogmas, religiones, conductas, nacionalidades, morales, tradiciones... ¿no es acaso todo un invento del pensamiento?

Uno es lo que piensa que es y todo lo que somos es el resultado de lo que hemos pensado.

Los deseos también son pensamientos y, momento a momento, son los que nos guían automáticamente.

La mente vive en la dualidad cotidiana del raga-dvesha o placer-aversión.

La felicidad se basa en obtener cosas que den placer o en logros u objetos externos. Pero el estado de ananda es el de felicidad, completud y plenitud, sin importar lo que sucede afuera del Ser.

El deseo comienza cuando el pensamiento crea la imagen, ¿es posible que el pensamiento no intervenga inmediatamente creando la imagen?

El pensamiento no sabe del momento presente, no sabe bien de lo que se está hablando, por eso no se llega a él por el pensamiento si no más bien por el no pensamiento.

El pensamiento no conoce la parte sutil del momento presente; como dijo en una conferencia E. Tolle: "el presente es un estado de alerta sin contenido, sin objetos físicos ni mentales". El ahora es el espacio que está entre los pensamientos. Los pensamientos son útiles para algunas cosas básicas pero nada más. La vida está justo ahora, pasado y futuro son solo pensamientos.

En sánscrito, *Kal* o *kala* es tiempo... y también significa muerte.

No es que uno mata el tiempo, más bien el tiempo (la mente) lo está matando a uno...

El ahora es sin la interpretación de la mente.

Sin pensamiento es el verdadero momento eterno, sin pasado ni futuro.

Lo reitero: en Oriente se es testigo y en Occidente se analiza. Ellos dicen no interferir en la mente sino mirarla desde arriba, pues para interferir hay que introducirse en la misma mente y no se puede ganarle a la mente con la mente, pero sí separarse de ella y, como si se fuera otra persona, evaluarla, criticarla y ser consciente del ahora.

La mente es limitada pues su existencia pertenece solamente a una porción del tiempo y espacio, y dice Rudolph Steiner: "la percepción de algo lo da lo que yo piense de ello".

El cese del pensamiento es el despertar del intelecto.

"Yo soy" es la conciencia pura y eterna, sin pasado ni futuro.

La mente busca seguridad en todos sus movimientos por medio del pensamiento, en cambio la conciencia no busca seguridad, es segura en sí misma. Fuera del pensamiento, nada puede caracterizar a la realidad como tal.

Motivo e impulso, atención e intención. El poder y la energía para la acción.

El motivo es la causa determinante y momentánea del querer, aquello a lo que le preste atención crecerá y lo alimentaré, lo otro se marchitará; la intención es el impulso, un factor determinante permanente del individuo.

Volviendo al pensamiento sin habernos ido, vimos que los pensamientos van tan rápido que nos parece que poseen continuidad.

Esa unión entre pensamiento y pensamiento da esa idea de continuidad, como si fuera una radio, radio Mente: "habla" tanto la mente que conscientemente pocas veces se detiene: cuando dormimos (y no soñamos), en aquellos momentos sublimes de la vida (como llegar a una preciosa meta, a un hermoso orgasmo, a una gloriosa actitud, y cuando nos metemos en cuestiones cuánticas como la telepatía, el sincrodestino, la intuición, la meditación).

La mente Manas automatiza absolutamente todo en la vida: comer, caminar, trabajar... y ya lo hacemos tan eficientemente que es algo mecánico, automático, y no sentimos la gran mayoría de las acciones que hace nuestro cuerpo.

Pero ojo, no estoy diciendo de renunciar por completo a la mente, sino tan solo darle el lugar de herramienta que le corresponde.

Nadie piensa que tal vez los pensamientos puedan apoderarse de uno. Pero es verdad que si bien se desarrollan en la mente, pueden tener vida y presencia propia sin nuestro control.

Algunos pensamientos y actitudes los repetimos tanto, que los sabios hindúes dicen que terminan trazando una huella en la mente. En esa huella uno cae inevitablemente (prejuicios, ira, adicciones) para darse cuenta del error recién al salir del surco y prometer no caer nunca más... y obviamente volver a caer.

Hasta que no se rellene ese surco volveremos a caer en él, y el relleno está a cargo de la conciencia y el autoconocimiento.

Las escrituras védicas llaman *samskaras* a esas huellas, impresiones, surcos, improntas, que trazamos a nivel mental por tanta repetición; literalmente *samskaras* significa "fluir juntos"; los samskaras tienen vida propia.

Los pensamientos repetidos, la reacción, nuestro automático comportamiento, la ira, son todas samskaras, y al querer dejarlos se lucha contra el impulso de ir hacia esa misma ruta.

Es difícil lograr eliminar el samskara. Cuando caemos en algo como lo mencionado decimos "no lo voy a volver a hacer", pero caemos en ello de nuevo... o en "el lunes empiezo el régimen o dejo de fumar". Todos son artilugios mentales.

Es que no es que nosotros utilizamos la mente, sino que la mente nos utiliza a nosotros. Tenemos que ir un paso más allá del pensamiento cotidiano. Allí aparece el buddhi o intelecto.

La mente carece de conciencia si no es despertada por el Ser. El Ser es alma y su lenguaje es cuántico: telepatía, intuición, sincronicidad, clarividencia.

La mente como amo es un déspota, pero como esclava una gran amiga, al igual su contracara el tiempo.

Ahora bien, antes dije que si sabemos que pensamos eso quiere decir que nos damos cuenta de ello, ergo significa que no somos nuestros pensamientos. Si no, no nos daríamos cuenta de que pensamos.

Al darnos cuenta de algo que hacemos, significa que no somos eso.

Si nos damos cuenta de que estamos pensando, es que hay algo detrás del pensamiento.

Hay un sujeto detrás del objeto que es el pensamiento.

No es lo mismo pensar, a saber que se piensa. Yo no soy mis pensamientos, nada concreto o abstracto que pueda percibir puedo ser yo.

La memoria y la imaginación, ambos son procesos mentales.

El tiempo es la mente en pasado y futuro, en cambio la vida es ahora.

El corazón late lo mismo que la mente. Nuestras iras, peleas, miedos, envidias, rencores, salen expulsados del corazón en cada átomo de nuestras células (y luego las enfermamos).

Le mente no acepta lo que es y una de las definiciones de inteligencia, simple y fuerte a la vez, es: *la capacidad de adaptación* (que no debiéramos confundir con sumisión o resignación, sino con aceptación).

La mente nos ha dado tecnología y confort pero se ha adueñado de nuestro verdadero ser, somos tan solo nuestros pensamientos. Nos da alimento y placeres, pero no alegría sin nada a cambio.

Por encima de la mente e, incluso, por encima del corazón, está el Ser, el verdadero Yo, el atman hindú, el alma o como se la quiera llamar.

El Ser es consciente, sencillo e inocente, sabe pero no piensa.

La conciencia no duda ni tiene dualidad, todo lo contrario a la mente que pocas veces enfoca realmente lo que hacemos (hablamos y no escuchamos, comemos viendo tele, manejamos y hablamos de negocios... mi cuerpo está acá, mi mente está allá y yo encima hago otra cosa).

Para los Vedas, el ser humano lo es pues tiene la capacidad de discernir. El tigre, ya vimos, no puede elegir, nació tigre y su dharma o acción correcta es matar para vivir. No me imagino a un tigre de Bengala con esos dientes, deshojando un alcaucil o rumiando brócoli.

Si bien el hombre es omnívoro, tiene la capacidad de decidir qué es lo correcto para comer, si tiene que matar animales para vivir o si puede convivir con ellos sin lastimarlos.

La mente no está sola, está fundida energéticamente con el cuerpo, el pasado, el futuro, lo transpersonal, la memoria, el espíritu, el cosmos y, en definitiva, todo. El ser es la conciencia espiritual.

Experiencia viene del latín *experientia*: conocimiento que se adquiere gracias a la práctica y la observación; la experiencia es la madre de la ciencia y la concentración mental es el primer poder de la mente.

De allí parte la conciencia, el autocontrol, el autoconocimiento, la autoobservación, la autocorrección, todas herramientas para separarse de la mente.

Todo parte del tratamiento de la situación; lo que importa no es el pensamiento elevado, sino lo que se hace con él.

No somos la mente ni el cuerpo, somos mucho más que eso. No estamos en nuestro cuerpo, sino que nuestro cuerpo está prestado en nosotros.

Nuestra mente es muy volátil y volátil es el viento, que es su elemento; la mente no está en movimiento, *es* movimiento y si no hay movimiento, no hay mente ni pensamiento.

Frawley, en *Ayurveda and the Mind*, dice que imaginemos qué pasaría si uno no sabe manejar un auto y de golpe se sentara al volante y empezara a manejar. Lo más probable, si arranca, es que choque y hasta que le pueda tener bronca al auto, si se repite la situación. Lo mismo pasa con la mente, hay que saber manejarla y guiarla. Si sabemos manejar bien el auto, adónde vamos no es importante. Si sabemos manejar la mente, ya sea social, moral o intelectualmente, adonde vamos está bien.

Nuestra realidad está acorde a donde nuestros pensamientos están dirigidos. Ahora bien, el sufrimiento viene de los pensamientos. Cabanis dice que el cerebro secreta pensamientos así como las glándulas salivares, saliva. Lo que pasa por nuestros pensamientos, creemos que es verdad. Lo asimilamos corporalmente y creamos un círculo vicioso.

Desde ya que hay pensamientos positivos, la oración, el rezo, la palabra bien usada… espero se interprete lo que quiero poner en palabras.

Es difícil explicar lo que se piensa y más aún lo que se siente… y es más difícil aún si uno lo escribe, ya que no puede entonar las palabras, darles energía, letanía, o realizar algún movimiento. A veces se transmite mejor con la mirada o con un gesto (una imagen dice más que mil palabras); transmitir o traducir fielmente una sensación o una experiencia al lenguaje, siempre admite la posibilidad de quedarse corto o de exagerar. No está hecho para expresar la verdad de la vida.

Siempre digo que el lenguaje distorsiona el sentimiento, pero, por supuesto, el pensamiento (y la palabra) bien usados pueden curar, hacer llorar, reír, transformar, vibrar, enseñar, comunicar.

Pensar es agregar tiempo lineal y ningún animal sabe de tiempo lineal, sino de estaciones cíclicas, pues carecen de mente.

La mente con su tiempo y sus pensamientos...

El tiempo lineal es el del reloj: en un plano (horizontal).

El tiempo circular es el de las estaciones: en dos planos (horizontal y antero posterior). Ambos ocupan el mismo plano del espacio.

El tiempo en espiral es el de vida y la naturaleza en sí, en los tres planos del espacio y en cuatro dimensiones (arriba-abajo, derecha-izquierda, atrás-adelante y espacio-tiempo).

Cuando a veces estamos concentrados en algo (el fuego, la luna, algún trabajo lindo, el deporte), el tiempo se detiene, nosotros estamos totalmente en el objeto, sabemos todo lo que pasa, no necesitamos pensar ya que somos conscientes.

Cuando la mente calla el tiempo se detiene.

En este momento, sin pensar, ¿dónde están el pasado y el futuro?

En ninguna parte, solo existe el momento presente, lo otro es una mera proyección mental. Así no hay tiempo, no hay muerte.

Ser hijo del momento es ser inmortal.

El hombre es el único animal que sabe que se va a morir pues tiene mente, y si no lo acepta, es un problema.

Quien tiene miedo de morir, tiene miedo de vivir, vida y muerte son inseparables, no existe lo dual.

La memoria es tiempo petrificado.

Aunque no veo el pasado ni lo puedo tocar, lo puedo recordar gracias a mi memoria (si no la tuviéramos, no existiría el pasado).

Pero cuando recuerdo el pasado, esto es en sí mismo una experiencia presente, sé del pasado solo en el presente y como parte de él. Solo son recuerdos en una experiencia presente. Asimismo, el futuro o la anticipación es un hecho presente. La totalidad del tiempo es aquí y ahora.

El ahora no forma parte del pasado ni del futuro, está más allá del tiempo, es eterno. Este instante, en el que estás leyendo esto, no forma parte del tiempo. Ahora sí (si lo estás pensando).

Por eso yo digo que lo que vivimos es en realidad el futuro. El pasado ya no existe, el presente es atemporal, eterno, se vive, no se puede hablar ni pensar en él, somos en él, entonces cada cosa que hacemos… ¿no es el futuro?

Cuando no hay pensamiento, no hay fronteras entre el observador y lo observado, *estoy* en el presente no pienso en él pues para pensar necesito espacio y si estás en el presente, la mente ya no está allí, no puede alterar el pasado (psicoanálisis) ni predecir el futuro (astrología), sin embargo es lo que hace constantemente.

Por su lado, las emociones son otra forma de pensamiento.

Si uno busca en el fondo se da cuenta de que la ira y las emociones vienen de la mente. Y uno se identifica con ellas cuando en realidad solo son testigos.

Las emociones son tan mentales como los pensamientos, por lo tanto uno puede volverse emocional con mucha facilidad. Las emociones impulsan a reaccionar y no a responder. La reacción es dominada por la otra persona, es de afuera y condicionada.

La idea del pensamiento hindú no es controlar la ira sino transformarla. Controlar indica reprimir y no es la idea.

No es control de los sentidos sino maestría en los sentidos.

Como hicimos con Antahkarana, veamos otros cinco buenos sutras mentales. Dejar que estos aforismos hagan efecto dominó en nuestras mentes y desplieguen sensaciones, emociones y, en definitiva, otros pensamientos.

La mente se basa en los pensamientos que generan datos, emoción y deseos;
pocas veces en el conocimiento real.

El problema no es lo que no sabemos, sino lo que damos por seguro de lo que sabemos... y no lo es.

No existe emoción o sensación sin pensamiento previo.

Lamentarse continuamente por errores del pasado al igual que la comparación, son hábitos continuos de nuestra mente y el ego.

El pensamiento engaña, nunca captura el movimiento de la vida, es lento y traicionero.

La poesía Haiku es de origen japonés, muy simple y poderosa, caracterizada por tres sutras de 5, 7 y 5 sílabas cada una. La que sigue, es de mi autoría:

El tiempo para
El presente colapsa
Es el ahora

Meditación, *Dhyana*

La meditación empieza donde termina la mente.

No es profundizar ni concentrarse en nada, eso es *dharana*; meditación es precisamente la ausencia de pensamiento o agitaciones mentales.

Allí desaparece el ego, los pensamientos, las emociones, las sensaciones, la dualidad sujeto-objeto. En su lugar está el Purusha, lo no dual o *advaita*, el silencio cósmico, la vibración primal Om, el espíritu, Brahman, Dios.

Allí no hay pensamientos, sólo vacío conectado con el espíritu, es decir con la energía y la inteligencia en un estado sutil y energético de resonancia con el universo.

La verdad nace del silencio. La verdad es el silencio.

La medidtación es tener la intención y atención en tratar positivamente de sintonizarse con las energías del infinito, por medio del abandono y del no esfuerzo.

Hay tantas definiciones como autores y meditaciones: la Meditación de la Llama (con ojos abiertos concentrado en una llama u otra cosa), la Dinámica de Osho, la Catártica, la budista Vipassana (visión cabal y plena de la mente), la Meditación Abstracta, la Meditación Trascendental, la Meditación que permite la Visualización, etc.

Se puede meditar caminando, comiendo, corriendo, trabajando e, incluso, procreando (Tantra). La meditación permite el diálogo con la conciencia cósmica, donde la mente está en libertad y ha trascendido los deseos, ilusiones o engaños.

Hace no muchos años no era necesaria su práctica. Normalmente, durante el día la gente meditaba, no usaba su mente. Hasta hace unos años el nieto hacía lo mismo que su abuelo, no había tanta información y existía mucho más tiempo libre. Se respetaba más al hombre viejo pues podía transmitir y enseñar siempre. Hoy todo cambia cada día. Se aprende algo cada nuevo minuto pero no lo esencial, no lo profundo. Sí conocemos más juegos, Internet y mucha basura virtual. Antes no hacía falta meditar pues se vivía con la mente en blanco. Hoy se muere sin jamás haber tenido la mente en blanco o sin pensar (salvo cuando dormimos).

El cerebro mismo está infinitamente conectado con el universo, entonces parar los pensamientos (meditar), es escuchar al universo.

Es tan simple como sentarse con los ojos cerrados (en el piso o en una silla), permanecer inmóvil y relajarse en la respiración.

Cuanto más crecemos, más hacia adentro deberíamos ir, es como los árboles que cuanto más crecen, más raíces deben tener.

La meditación tiene el mismo origen que la palabra medicina.

La Mandukya Upanishad habla de cuatro estados de conciencia:

* Jagrat avastha: estado de vigilia (Vaishvanara).

* Swapna avastha: sueño con imágenes (Taijasa).

- Sushupti avastha: sueño profundo sin imágenes oníricas (Prajna).

- Turiya: Samadhi, Moksha, Nirvana, Buddha.

Veamos esta imagen del AUM (*au* en sánscrito se pronuncia o): la curva superior izquierda de lo que parece un tres, es la vigilia (*Jagrat*: mente, cuerpo y alma en acción), la grande de abajo a la izquierda es el sueño (*Swapna*: mente y alma en acción), la de abajo a la derecha es el sueño profundo (*Sushupti*: solo el alma), la rama que se desprende arriba a la derecha es *maya*, el velo de la ilusión o autoengaño, los deseos y aversiones del ego; el punto superior es el cuarto (*turiya*) estado mental, que es la conciencia, el alma, el estado trascendental o de liberación (Samadhi para los yogis, Nirvana para el budismo, Moksha hindú, Buddha o *iluminado*).

- "A" representa el plano físico.

- "U" representa el plano mental y los planos astrales, el mundo de los espíritus, todos los cielos.

- "M" representa el estado de sueño profundo, y todo aquello que es desconocido aun en estado de vigilia, todo aquello que está más allá del intelecto.

También representa los tres cuerpos, los tres doshas y, como vimos, los tres estados de la mente que para llegar al Turiya o cuarto estado mental, deben atravesar los deseos, las ilusiones, las posesiones, el Ego.

Para la Vedanta existe un estado más allá del cuarto estado o Turiya, llamado Turiyatita, es un quinto estado o no estado de la conciencia, que es el silencio sublime, el abandono total del cuerpo y la mente a voluntad. Es el sonido del universo del que nace la sinfonía de la creación.

El AUM es la base, la semilla (*bija*) de muchos mantras, es un *mantra* en sí mismo ya que al pronunciarlo vibramos con la frecuencia del espacio.

Mantra es una palabra de origen sánscrito que está formada por los términos *manah* y *trayate* que se traducen como mente y liberación, de ahí que se dice que un mantra es un instrumento para liberar la mente del flujo constante de pensamientos que la confunden. Lo que hacemos con los mantras al evocar el AUM, es celebrar un vínculo forjado a través de generaciones, un vínculo que nos conecta con nuestros primeros ancestros y la vibración cósmica.

Un mantra puede ser una sílaba, una palabra, una máxima o sutra que, al ser recitado y repetido, va llevando a la persona a un estado de profunda absorción.

Aunque también es verdad que el solo hecho de repetirlo, nos hace oírlo… Se requiere un estado elevado de vibración. Y también es muy lindo repetirlo en silencio.

En el sistema yóguico, este poderoso mantra también es el estímulo y la semilla de los dos últimos chakras.

Los mantras hablan de curas sutiles y energéticas, y el AUM es el mantra de mayor fuerza, hasta su símbolo transmite sensaciones y vibraciones; los hindúes lo utilizan no sólo como un símbolo de la meditación, sino también como un símbolo de la paz y del amor. Los símbolos adquieren poder a medida que uno los conoce. Así nos damos cuenta de que todos los símbolos sagrados están interconectados.

Si medito hacia dentro, me meto en Yo sujeto y dejo todo objeto afuera (mi mente más lo que entra por los sentidos). Así puedo estar sin pensamientos, con la mente en blanco (mejor dicho en negro: espacio).

Es un estado no dual, donde hay sujeto pero no hay objeto alguno.

También puedo meditar no dual en el objeto sin sujeto (sin mis pensamientos o mi ego), como pasa por ejemplo en el cine, en esas películas que nos atrapan y nos metemos en la trama, así soy con-sciente de todo sin tener que pensar, al igual que cuando miramos absortos el fuego o los otros elementos: agua, tierra, espacio, aire.

La meditación es un estado de atención permanente a una sola dirección, al que atiende o al atendido, al observador o a lo observado.

Meditar entre muchas otras cosas tiene los siguientes beneficios:

- Reduce el estrés.
- Restaura la memoria de la totalidad.
- Conecta con nuestro verdadero ser.
- Permite la espontánea realización de los deseos.
- Desarrolla el potencial intuitivo.
- Facilita abandonar malos hábitos.
- Permite tener mejores relaciones.
- Mejora y potencia el diario vivir.
- Permite experimentar estados más elevados de con-ciencia.
- Crea una mayor paz.
- Permite mejorar el descanso.
- Permite acceder a mayores niveles de energía.
- Mejora la concentración.
- Elimina la fatiga.
- Revierte el envejecimiento.
- Mejora los hábitos alimenticios.
- Incrementa la percepción sensorial.
- Permite liberar toxinas de nuestra fisiología.
- Disminuye el diálogo interno.
- Permite ir más allá del juicio.
- Desarrolla la capacidad de tomar decisiones correctas.
- Despliega el silencio en la vida.
- Despliega la creatividad.
- Etc, etc.

La meditación se asemeja fisiológicamente al sueño, ya que mediante su práctica se libera melatonina y DHEA (Di Hidro Epi Andosterona, hormona del rejuvenecimiento).

La glándula pineal produce melatonina durante la noche merced a un estímulo nervioso procedente de la retina y de diferentes núcleos cerebrales. Mientras que la luz frena la producción de melatonina, la oscuridad estimula su síntesis en todas las especies animales, incluyendo al ser humano. La producción de esta hormona es máxima durante la infancia, desciende durante la pubertad y sigue disminuyendo su producción con el paso de los años.

La popularidad de la melatonina procede de los efectos demostrados en situaciones experimentales muy concretas sobre los radicales libres, que son capaces de lesionar el material genético del ADN, las membranas lipídicas y las proteínas estructurales. A partir de estas observaciones se ha pensado que la melatonina es eficaz para combatir el envejecimiento.

La DHEA es una hormona natural producida por las glándulas suprarrenales a partir del colesterol. Es una precursora de la síntesis de hormonas como la testosterona, los estrógenos y la progesterona. El momento de máxima secreción se produce alrededor de los 21 años y con la edad se produce una disminución en la producción que llega al 90% a los 75 años.

Volviendo al AUM, tampoco es la panacea ni nada por el estilo, para interpretarlo primero uno tiene que vibrar o gustar de la meditación con mantras. Yo, particularmente, prefiero el silencio total. Finalmente, como ya dije, uno tiene que indagar un poco para ver cuál es el método que le sienta mejor (y hay que ser constante).

Al bajar o aquietar el Cuerpo Físico y el Cuerpo Mental, se produce un incremento de los cuerpos energéticos y espirituales.

Uno, entonces, va buscando sonidos, olores, ambientes, formas, que colaboran para encontrar el camino para que nuestro cuerpo y mente se queden quietos.

Las conductas de serenidad, silencio, sabiduría, sabor, sexo, sueño, sonrisa, promueven la secreción de Serotonina. Esto genera ánimo, amor, aprecio, amistad, acercamiento.

El resentimiento, la rabia, el rencor, el reproche, la represión, los remordimientos, facilitan la secreción de cortisol, una hormona corrosiva para las células que acelera el envejecimiento. Esto genera depresión, desánimo, desesperación, desolación e inmunodeficiencia. Kleshas son las afecciones formadas por uno mismo: deseos, egoísmo, apego u aversión, preocupación; al PREocuparnos innecesariamente establecemos una cadena de pensamientos negativos.

El buen humor, en cambio, es clave para la limpieza sanguínea, para mantener abiertos los canales sutiles y para una longevidad saludable.

Una emoción representa un patrón de pensamiento muy rápido y con vida propia. Uno es empujado a una identificación incon-sciente con la emoción (es decir que reacciona) ya que el mismo pensamiento alimenta la emoción haciendo un círculo cerrado de retroalimentación, en este caso negativa.

Emoción viene de *emovere*, perturbar.

El dolor que uno experimenta es una especie de no aceptación de lo que pasa. El grado de dolor dependerá de la resistencia de cada uno.

Manas habla mucho; la aceptación (de lo que *es*) y el silencio, son la base de todo. Todo sonido nace del silencio, muere en el silencio y mientras vive es audible gracias al silencio.

El silencio permite al sonido ser, los grandes músicos y oradores componen el silencio, no sólo las notas.

Uno es dueño de lo que calla y esclavo de lo que dice, ¡terrible sutra!

La meditación, entonces, puede ser hacia el *sujeto*, libre de pensamientos, distracciones y sin ninguna carga mental nuestra. Deja de ser dual.

La meditación puede ser también dinámica, en la acción, hacia el objeto y libre de pensamientos, como cuando nos quedamos mirando el fuego o miramos absortos una película (donde sabemos sin pensar). ¿Y qué pasaría si pudiéramos ir de un objeto a otro en la vida cotidiana de la misma forma que como cuando estamos absortos en el cine, sin agregarnos a nosotros sujeto y sin saber todo lo que pasa?

En ese presente sin pensar se diluye la separación del sujeto con el objeto, el observador con lo observado. El presente diluye las fronteras y es ilimitado.

No es el presente el que escribe o lee, simplemente es.

De allí que la meditación es estar atento al presente, ya sea el sujeto o el objeto, pero no a los dos.

Hoy a la noche antes de dormir les propongo que se sienten en el piso, o sobre un almohadón con las piernas cruzadas, o en una silla bien derechos, con los pies descalzos y apoyados en el suelo.

Debemos estar en un lugar apacible y mejor si es al aire libre, decididos a no estar para nadie por 10 minutos nomás (recomiendo desconectar los teléfonos).

Ponemos la columna firme y derecha, los omóplatos un poco más juntos, el pecho un poco afuera, la cabeza un poco atrás (en retroposición), los hombros para abajo y caídos, y el ombligo para adentro.

Al sentarme en cualquiera de esas posiciones, las palmas van sobre las rodillas, abiertas hacia arriba y podemos juntar el pulgar e índice de cada mano para cerrar el circuito energético, se trata de un mudra (gesto energético manual) de la sabiduría, la paciencia y la meditación.

En nuestro rostro debemos tener una actitud como de iniciar una sonrisa (así los músculos están más relajados), con los dientes, la lengua y las cejas flojas.

La columna debe seguir firme pero relajada, con los hombros que caen.

Al principio sería bueno destapar las fosas nasales e ir cerrando alternadamente cada una: inspiro por la fosa izquierda, tapo y largo por la derecha, inspiro por la derecha, tapo y espiro por la izquierda y vuelvo a empezar (esto es conocido como uno de los tipos de pranayama, el Nadi Shodhana).

Todo debe ser suave, lento, reparando en el tiempo que hay entre la inspiración y la espiración, y sin modificarlo.

Lograremos así que las narinas estén más destapadas y equilibrados los lados de energía que entra y sale.

Luego de unos minutos de pranayama, comenzaremos con ser conscientes de la respiración corriente, cómo entra y sale el aire de nuestro cuerpo, sin luchar con los pensamientos que aparecen, acaso como surfeándolos.

Al principio la concentración va dirigida al entrecejo, no frunciendo la cara ni forzando los músculos para lograr ponernos bizcos. Podemos enfocarnos allí, el lugar de asiento de la glándula pineal, el tercer ojo, la energía universal.

Para evitar la evasión mental también podemos recitar el AUM o pensar al inspirar en So y al exhalar en Ham; o simplemente ser.

Entonces, la meditación no es un esfuerzo, no se logra con la mente pues es la ausencia de ella.

Para meditar no debemos luchar contra los pensamientos que aparecen, sino ser testigo de ellos, observarlos mientras con los ojos cerrados percibo el aire que entra y sale y soy consciente de ese negro vacío mental de paz y entrega que existe entre los pensamientos.

La meditación no debe ser forzada sino sentida.

Tarde o temprano se logran esos momentos de gloria donde no hay nada, tan solo el vacío mental. Y un día, sin esfuerzo, se permanece en esos vacíos plenos 15 minutos, media hora...

Pero, cuidado, el fin de la meditación es que ésta se transforme en un estilo de vida, ya que puedo estar horas en silencio pero eso no sirve de nada si en las actividades de la vida diaria sigo violento o hipercrítico igual que antes.

Muchos dicen que hay que meditar todos los días, hacer Yoga y ser vegetarianos, pero en su actitud mental y en la vida cotidiana no se refleja ningún cambio... Así no sirve, son tan solo actos automáticos y mecánicos (recuerdo que por años no podía dormirme sin rezar mecánicamente un padrenuestro y un avemaría...).

Manolaya es la quietud temporal de la mente (contemplación, concentración, meditación). Manonasha es la muerte de la mente (el moksha hindú, nirvana budista o samadhi yogi), la ausencia permanente de todo pensamiento.

CAPÍTULO IV

Buddhi, el intelecto

"Yo veo en el silencio".
Luis A. Spinetta

La palabra sánscrita *Buddhi* se traduce como "intelecto", que a su vez viene del latín *intus*, "dentro" y *legere*, "leer". Para muchos autores el significado para Buddhi es el de conciencia, interpretación que dejamos para *Chitta*. De todas maneras, son divisiones arbitrarias para su comprensión ya que la mente es toda en sí misma, una sola.

Ser intelectual no significa ser inteligente, es más, muchas veces los conocimientos limitan.

Ser intelectual es estar informado y ser inteligente es vivir con conciencia en el momento presente, ya que el futuro saldrá de él.

Las mentes inteligentes están por encima del conocimiento, no acumulan mapas prestados. El conocimiento es útil pero lo verdadero no está ahí.

El conocimiento como tal es un fenómeno de superficie y pertenece al ego y a la mente. Es lineal y hace de la verdad un dato nomás.

La sabiduría nunca se puede tomar prestada, el hecho de acumular más y más datos no ayuda mucho, y hasta puede transformarse en una barrera para las cosas profundas y sentidas de la vida.

Es muy distinto aquel que está vacío, listo para volver a llenarse pues desaprendió lo aprendido, que aquel que está vacío por ignorancia.

Una definición excelente de enseñar que escuché alguna vez es la siguiente: *enseñar es agarrar una mente vacía... y abrirla*.

No hay que llenarla de datos inútiles, sino aspirar a que esté siempre abierta para que todo fluya.

Siguiendo esa idea, afirmo que *el sabio es el eterno alumno.*

Aprender no es igual a conocimiento, aunque se lo ha identificado así. En realidad es al revés, cuanto mas instruida es una persona, es menos capaz de aprender.

Pero, cuidado, no estoy tampoco en contra de la enseñanza, la educación es la base de todo. Pasa que no se actualiza en absoluto.

Aún hoy se sigue enseñando como hace décadas. En medicina no tuve un solo profesor que me explicara que la mente y el ego son las causas de todas nuestras enfermedades. Siempre estaban en pos del último antibiótico, analgésico o cirugía.

La educación puede mejorar el nivel de vida, pero no la calidad de vida. No son sinónimos. La sensibilidad, la alegría y la belleza, no se enseñan.

Por nuestra educación, en vez de valorar la creatividad, se valora la productividad.

A la educación la veo como llena de conocimientos prestados o leídos. Mapas que indican cómo y qué hacer. En las escuelas no se enseña arte, meditación, conciencia, servicio, tan solo historia, química y lengua.

La educación debería ser para darnos riqueza interior, no sólo para hacernos más informados. Actualmente es un acto de depósito. No existe el diálogo, la crítica ni la reflexión. Se reciben los depósitos, se guardan, se archivan y se repiten.

A veces es difícil hablar con los profes que vienen a dar una conferencia a nuestra universidad. Con los que conocen demasiado se hace muy difícil hablar. Saben sin saber, no se mueven de allí ni admiten otra cosa.

Esta educación te prepara para ser un imitador, en vez de aprender *en* la experiencia.

El *intelecto* nos indica qué es *vidya,* el correcto aprendizaje, y qué es avidya, el falso aprendizaje. Dada la vorágine actual es difícil no aprender, ¡pero estamos a tiempo para desaprender lo aprendido!

Para obtener maestría, dice el Tao Te Ching que hay que eliminar cosas cada día.

Siempre hay que estar vacío para poder llenarse de nuevo (de lo que sea) y así volver a vaciarse y vivir en un estado de movimiento continuo, donde la mente sea poca, no estática y que cada día pueda ser único y por lo tanto, hay que levantarse feliz de simplemente vivir, que ya es un milagro, y pensar distinto, hablar menos, estar más solo, sentir más. Y aclaro (por si hace falta) que no soy maestro, ni gurú, ni swami, ni mucho menos un iluminado. Siempre digo que estamos todos en el mismo barco (pero algunos se marean más que otros, digamos).

Buddhi es el camino del discernimiento e inteligencia que sirve de puente entre la mente Manas y la conciencia o el saber superior de Chitta.

La mente pertenece al saber o conocimiento inferior (apara vidya).

La conciencia, es el conocimiento mayor (para vidya).

El intelecto es el puente.

El ego existe por un mal manejo del intelecto, y de no frenarlo a tiempo, pues se apodera de él. Luego la realidad que nos rodea nos entra a través del ego ya totalmente distorsionada.

El ego es por lo general quién aprende y diagnostica y no el intelecto. Y si el diagnóstico ya está mal, pues todo lo sigue estará mal, por más que se haya empleado un tratamiento correcto.

La mente necesita espacio para crear, y siempre siguiendo al Ayurveda, el espacio es el primer elemento, sin él no existe nada: el espacio va junto al prana, pero el pobre ser humano está perdido en el pensamiento que le ocupa todo el complejo mental. No hay espacio para nada.

El intelecto es capaz de generar ese espacio gracias a la aceptación (santosha), el discernimiento (viveka) y el desapasionamiento (vairagya), que suponen el desapego mental de todas las conexiones mundanas.

Desapasionarse es la ausencia del deseo de gozar de los resultados de nuestras buenas acciones.

El intelecto es el que digiere experiencias y emociones. Sin un buen fuego que divida bien las cosas, la conciencia se hace lenta y pesada como una indigestión. Y como el cuerpo, la mente debe ser desintoxicada, ya sea por medio del mismo intelecto, de una dieta, de la meditación, del yoga, de la respiración, de la relajación, de la música, de los ayunos nutricionales, etc.

La mente se hace sáttvica (pura, natural, sabia, ya trataremos el tema en el capítulo de la conciencia) gobernada por un intelecto hábil, inquisidor, despierto, discriminador, alerta y vigilante... Sino se convierte en una trampa tamásica (lo más bajo, inerte, artificial), el mayor enemigo, la mayor fuente de todo tipo de problemas y enfermedades.

Veamos qué dice Sai Baba al respecto: "Buddhi tiene otros nombres, uno de ellos es 'antarayami', el morador interno. Para conducirse en su vida, el hombre es guiado por la voz de su morador interno.

Cuando los problemas surgen espera directivas de su voz interna. Si no le da respuestas satisfactorias, el hombre estará en un aprieto.

Cuando a uno se le pide que 'Siga al maestro', el 'maestro' es su propio intelecto. El fuego del Buddhi existe en la mente como racionalidad y discernimiento, facultad que nos permite percibir y juzgar cosas.

Cuando recibe la guía de su voz interna, podrá llegar a vivir en buenos términos con el mundo externo. Algunas veces se le escucha a uno decir: 'Mi conciencia no me lo permite'. La voz interna, es la voz de la conciencia".

El discernimiento del intelecto nos lleva a cambiar y mejorar hábitos, que de a poco cambiarán nuestro comportamiento, nuestro carácter y, finalmente, nuestra personalidad.

Veamos ahora lo que dice el diccionario sobre el discernimiento:

La palabra proviene del latín *cemere* que significa "escoger" en el sentido de seleccionar, separar. El prefijo *dis* refuerza la idea de división, de escoger. Por lo tanto discernimiento significa separación, discriminación. Es el juicio por medio del cual percibimos y declaramos la diferencia que existe entre varias cosas. Lo que implica tener "criterio", es decir: una norma, modelo de valores o principios considerados una autoridad moral (como tradiciones, filosofías o preceptos culturales, sociales o religiosos) que nos permitirá conocer la consecuencia o inconveniencia de las cosas.

Se puede distinguir entre dos tipos de discernimiento: el bíblico y el filosófico.

El discernimiento bíblico exige tener un modelo de valores morales, así se utilizan las sagradas escrituras como referencia para poder distinguir la diferencia entre lo que es bueno y lo que es malo para Dios.

El discernimiento filosófico puede establecer de forma arbitraria un patrón de conducta que ayudará a distinguir qué es bueno y qué es malo desde el punto de vista humano prescindiendo de un Dios, y se basa en la acumulación del conocimiento a partir de la observación del comportamiento humano, sus motivaciones y pensamientos; o en la experiencia personal y/o social a través de fuentes históricas reconocidas como fiables.

Podemos, por consiguiente, entender estos aspectos del discernimiento como dos aspectos: el mental y el espiritual.

El primero es una facultad de la mente concreta y se vuelca hacia el exterior; el segundo también pertenece a la mente concreta, pero recibe el reflejo de la luz del Yo Superior, se torna hacia el interior, para el mundo de las causas, y a veces se eleva hasta el plano de la intuición.

Mientras miremos solo con la mente y los sentidos, no podremos ir más allá de los pensamientos. Es más, conoceremos al mundo y a nuestro cuerpo a través de lo que nos dicen nuestros sentidos.

Nuestra determinación de lo que es verdadero y falso, de lo real y lo irreal, de lo bueno y lo malo, proviene de esta capacidad profunda de evaluar y medir.

Los Vedas y los Rishis hablan de Prajña Paradha, el error de base en el intelecto que nos lleva a creer que somos un cuerpo físico o mental en vez de identificarnos con el cuerpo cuántico. El Prajña Paradha es el error de la conciencia y también es el mal uso de los sentidos, los deseos, las ignorancias e ilusiones llamados Maya (léase *maia*). Volveremos a este tema en el capítulo dedicado a la filosofía.

Ahora bien, el intelecto nos permite saber cuál es el significado de lo que estamos percibiendo. Está mediando entre el centro interno de la conciencia y la mente externa con las funciones sensoriales.

El fuego mental ayuda a digerir las cosas y a convertirlas en formas más sutiles para nutrir nuestra conciencia.

El intelecto digiere nuestros pensamientos, sentimientos e impresiones y nos permite extraer conocimiento para la comprensión de la realidad.

La inteligencia es la parte de nuestra conciencia que articula la racionalidad y nos trae la luz del discernimiento para tomar decisiones y determinaciones.

La diferencia entre la mente y el intelecto es muy sutil, hasta pareciera que fueran lo mismo, sin embargo la diferencia es notable.

El intelecto, en definitiva, es autoconocimiento, conocido como Atma Bodha o Atma Vidya ("Conócete a ti mismo", *nosce te ipsum* decía Sócrates), va más allá de la persona, el espacio o el tiempo.

Autoconocimiento no está limitado a maestro, organización, religión o nivel intelectual, sino que revela la esencia de las cosas. El autoconocimiento no se obtiene llenándose de lecturas sino con la mente en silencio, libre de pasiones, pensamientos o emociones.

El intelecto es la herramienta ideal para abandonar todo condicionamiento impuesto por el lugar y el tiempo donde nos tocó nacer.

El desapego es otra propiedad del intelecto que conduce finalmente a la acción correcta. Este intelecto en equilibrio tiende a hacer lo correcto, o sea lo que está más cerca de la naturaleza, lo dhármico. La acción correcta se concreta sin esperar nada a cambio. Dice Gurudev: "El potencial del pensamiento correcto es mayor que cualquier poder del mundo físico".

Para muchas filosofías el camino del medio es el camino a seguir.

Estar en el medio es trascender los opuestos, no verlos como tales y menos aun como extremos, sino entenderlos como complementarios.

No hay opuestos. Cuando uno dice sí, es porque hay un no, sino no hace falta decir sí. Por eso cuando uno dice "te amo" también dice "te odio".

El camino del medio es no prometer para mañana, no decir "te amo" o "te odio" sino simplemente ser. *Se pueden prometer acciones pero no sentimientos*, ya que éstos por lo general son involuntarios (¿casarse hasta que la muerte los separe? ¿Cómo puedo prometer que mañana seguiré queriendo convivir con alguien?).

Gurdjieff afirma que el ser humano no debería prometer, pues el que prometió ya no existe el día siguiente.

Si siento un desequilibrio en un polo, pues debo ir al polo opuesto para estar en el medio, se trata de un balanceo en el equilibrio, se trata de un medio móvil. No es estático, está en continuo movimiento, yo lo llamo el *medio en kine* (kine o cine: movimiento).

Dice Osho que el medio no es una posición sino una recuperación constante del equilibrio.

Para el budismo *(The Teaching of Buddha)* el camino del medio *(majjhim nikaya)* se compone de distintos items:

- Correcta visión: basada en la ley del karma.

- Correcto pensamiento: no esperar nada, no demandar nada.

- Correcta habla: decir la verdad de la manera más pacífica posible.

- Correcto comportamiento.

- Correcta atención e intención.

- Correcta calidad de vida y buenas compañías.

En el medio la corriente es más rápida, directa, sin estorbos y es por donde más fluye la vida; el medio se nutre de aceptación, discernimiento y desapego. El medio fluye, la orilla es un extremo.

El camino del medio supone dos polos y la relación entre ellos.

El átomo, el cuanto y el observador.

El blanco, el negro y la relación de los grises.

El camino del medio destruye los polos, ya no hay gris pues directamente no están presentes ni el blanco ni el negro.

De ahí el sutra *no hay dos sin tres.* Siempre hay tres vibraciones principales, por eso el poder del Tres y la dedicatoria del libro: Padre, Hijo, Espíritu Santo; Brahma, Vishnu, Shiva; Sattvas, Tamas, Rajas; Vata, Pitta, Kapha; Sabrina, Jerónimo, Uma (hijos de la naturaleza).

Apenas veo o pasa algo, ya le agrego mi mente, mi ego. Es decir que lo que yo creo que debería pasar o ser, no lo que es.

Dicen los Zen (significa *meditación,* en japonés), en alusión a la conciencia, que hay que remar en el bote continuamente, si lo dejamos flotar solo se irá hacia una orilla (extremo).

Sujeto-objeto *(vishayi-vishaya)*

La Vedanta es la parte final y esencia de los Vedas. Y es parte de la psicología profunda hindú. Sostiene que todos los pensamientos de la mente tienen origen en el pensamiento del yo o sujeto imaginario.

Así, el propio hecho de percibir muestra que no soy eso que percibo.

El ser humano, en lo profundo, es conciencia no dual, en realidad no hay diferencia entre mi no-mente/cuerpo (sujeto) y el resto (objeto).

Creación y creado son uno, pero decir uno implica que también hay un dos, por eso es no dual. No dos.

Sujeto es mi Ser, mi alma, la conciencia, yo sin mis pensamientos y sin ninguna aferencia que perciba por los Sentidos. Yo sin yo.

El objeto, a su vez, puede ser externo o interno; el objeto externo es lo que se aprecia por los sentidos, ya sea tacto, vista o cualquiera de ellos, es decir que es lo que veo, escucho, toco, siento, huelo (todo formado por materia, ergo, átomos).

El objeto interno son mis pensamientos, mis emociones, en definitiva mi mente y mi cuerpo, ya que el pensar se traduce por intermedio de neurotransmisores liberados en fórmulas químicas (serotonina, adrenalina, endorfinas) que también están formados por átomos, o sea materia a la vez.

El pensar sobre algo agrega el sujeto al objeto y lo hace dual. El pensar en realidad es agregar un objeto (mis apreciaciones, imaginaciones, memoria, emociones, etc.) a otro objeto.

Pensar que pensamos es pasado, saber que se piensa nos lleva al presente.

¿Dónde estoy si no estoy pensando?

En los momentos que me olvido de mí mismo estoy feliz, el verdadero momento eterno es el presente con atención profunda, con concentración.

Como dijo Sesha en una conferencia: "el presente es una comprensión que se comprende a sí misma".

Cuando uno está compenetrado y concentrado en el deporte o en el trabajo, es distinto a que si está pensando. En el presente sin pensar se diluye la separación del sujeto con el objeto, el observador con lo observado. El presente diluye las fronteras y es ilimitado dice Ken Wilber en *La conciencia sin fronteras*.

Los pensamientos son materia también, repito, son átomos compuestos. Por ejemplo la Serotonina, un neurotrasmisor, está formada por proteínas, formadas a su vez por aminoácidos, de los cuales su grupo amino se forma por NH (nitrógeno e hidrógeno) y su grupo ácido por CO (carbono y oxígeno). En definitiva, los pensamientos son formados por átomos, como todos los objetos.

Objeto es todo lo que se aprecia por los sentidos más mis pensamientos.

Sujeto puro es lo que no se aprecia a través de los sentidos ya que es mi profundo yo.

Soy yo sin pensar, escuchar o sentir, soy ese que está detrás de todo.

Yendo a la sutileza del pensamiento y mucho más allá de lo que se piense, cuando pensamos agregamos el objeto, pues dejamos de ser sujetos, en cambio la intuición es pura, sujeto, cuántica, no dual sin pensamiento u objeto agregado.

Ese es el discernimiento sujeto-objeto, observador-observado, el *drg drsya viveka* o donde drg es el perceptor, drsya es lo percibido y viveka el discernimiento, la capacidad de la conciencia de distinguir lo correcto de lo que no lo es. También es conocido como el *vyakti*, el *vyakta* y el *avyakta* (el observador, lo observado, y el terreno de observación).

Volviendo al intelecto (sin habernos ido), repasemos algunas de sus principales características:

- Discrimina entre los objetos y el sujeto u observador. La primera ilusión a resolver, es la impresión que tenemos de nosotros mismos, ya que está basada en nuestros pensamientos, por lo tanto en nuestro Ego.

- Discriminar al observador de los órganos de los sentidos. Los sentidos nos llenan de información, pero el observador detrás de ellos es el mismo. La mente tiende a perseguir deseos o a realizar actos buscando resultados.

- Discrimina al observador de los estados mentales. Los continuos vaivenes de los pensamientos y de estados de amor o ira, son cambiantes y fluctuantes, pero, ¿quién está detrás de ellos?

- Discrimina al observador del ego.

El intelecto Buddhi muestra el camino del auto conocimiento y de la auto observación (auto preguntas, auto investigación, auto indagación) pero bajo una exquisita y profunda búsqueda. Se basa en la fuerza del conocimiento que nos habla de la verdadera realidad del ser y no de la identificación con nuestro cuerpo, con nuestro ego, al parecer la base de todos los problemas.

El creer que somos un nombre, un cuerpo o una profesión, nos hace ser de varias personalidades pero nunca auténticos. Tenemos una errónea idea de lo que realmente somos y sufrimos por ello.

El auto conocimiento no es información externa ni acumulación de datos, su esencia libera al hombre, libera el corazón y el apego. Como dice Frawley en *Astrology of the Seers,* el autoconocimiento trasciende el tiempo, el espacio y hasta la persona. Es la conciencia que precede toda manifestación, ya sea de enseñanza, posesiones, religiones u organizaciones. Es el conocimiento del verdadero Ser, de quien realmente somos, y solo se obtiene cuando la mente calla; en el silencio está la verdad.

Acorde al Yoga, a través de los conocimientos prestados nunca se obtiene la verdad. La verdad no puede ser pensada, sino tan solo recibida. Yoga, Vedanta, Ayurveda, son tan solo caminos para "conocer aquello que una vez conocido hace conocer a todo lo demás", como dice el Mundaka Upanishad.

El intelecto discierne, investiga, busca, analiza profundamente, realiza distinciones entre sujeto y objeto, para luego llegar a la claridad mental y abandonar todo proceso. Para liberar a la mente de preconceptos, hay que abandonar los pensamientos ya que nuestros prejuicios manchan nuestra percepción, y nuestros pensamientos manchan la acción.

Para el verdadero intelecto, la apariencia nunca es la realidad y la realidad nunca aparece. La realidad es una conciencia interna y nunca un objeto para volver a examinarse. Para los Vedas el verdadero ser no solo está en uno mismo, está presente en el viento, en el fuego, en el sol, en la luna. La persona divina se mueve con todos los pies y ve con todos los ojos.

Veamos lo que dice una Upanishads (Katha Upanishads I.3 10-11):

"Más allá de los sentidos están los objetos, más allá de los objetos está la mente, más allá de la mente está el intelecto. El divino ser *Purusha* está más allá del intelecto. Más allá del *Purusha* no hay nada, es el fin del viaje".

Sankalpa, recordamos, significa atención, intención, motivación, voluntad y pertenecía a manas. Claro que esa atención mal manejada, sin intelecto y con el comando solo de la mente, también es la causante de los huellas cerebrales en las cuales caemos repetidamente: ira, enojo, vicios (cigarrillo, alcohol) violencia, reacción...

El intelecto entonces, es el camino hacia la autorrealización mediante el ejercicio de la comprensión gnóstica (*gnosis*: conocimiento). Se inclina hacia el estudio de las escrituras, la razón, el argumento y el debate; concretamente, consiste en un ejercicio constante de discriminación entre lo irreal y lo real, entre el sí-mismo y el no-sí-mismo *(anatman)*.

Vimos antes que la expresión real del intelecto toma su significado más profundo en la pregunta "¿quién soy?" (no soy Fabián, ese es el nombre que me pusieron, no soy médico esa es mi profesión, etc.).

"Es suficiente saber lo que usted no es", dice Nisargadatta Maharaj en su libro *Yo soy Eso*, y continúa: "Usted no necesita saber lo que usted es. Puesto que, mientras que conocimiento signifique descripción en términos de lo que ya se conoce, ya sea por percepción, o por conceptualización, no puede haber ninguna cosa tal como conocimiento de sí mismo, pues lo que usted es no puede ser descrito, excepto como negación total. Todo lo que usted puede decir es: `yo no soy esto, yo no soy eso´, usted no puede decir a sabiendas `esto es lo que yo soy´. Eso es una insensatez. Lo que usted puede señalar como `esto´ o `eso´ no puede ser usted mismo. Ciertamente, usted no puede ser otro `algo´. Usted no es nada perceptible o imaginable. Sin embargo, sin usted no puede haber ni percepción ni imaginación.

Desapéguese de todo lo que torna a su mente inquieta.

Renuncie a todo lo que perturba su paz. Si usted quiere paz, merézcala. Estudie la prisión que ha construido en torno a usted mismo, por inadvertencia. Al saber lo que usted no es, usted llega a conocerse a usted mismo. Todo lo que usted necesita es deshacerse de la tendencia a definirse a usted mismo. Todas las definiciones se aplican solo a su cuerpo y a sus expresiones. Una vez que desaparece esta obsesión con el cuerpo, usted revertirá a su estado natural, espontáneamente y sin esfuerzo. La única diferencia entre nosotros es que yo soy observador de mi estado natural, mientras usted está aturdido. Yo soy real porque yo soy siempre *ahora*, en el presente, y lo que está conmigo ahora participa en mi realidad. El mundo real está más allá del alcance de la mente; nosotros lo vemos a través de la red de nuestros deseos, dividida en placer y dolor, justa e injusta, interior y exterior. Para ver el universo como es, usted debe ir más allá de la red que Ud. mismo se impuso. No es difícil hacerlo, pues la red está llena de agujeros. Lo que comienza y acaba es mera apariencia. El mundo se puede decir que aparece, pero no que *es*. La apariencia puede durar mucho en alguna escala de tiempo, y ser muy breve en otra, pero finalmente equivale a lo mismo. Todo lo que está sujeto al tiempo es momentáneo y no tiene ninguna realidad. Es su mundo lo que usted tiene en la mente, no el mío ni el de nadie más. La verdadera felicidad no puede ser encontrada en las cosas que cambian y se desvanecen. El placer y el dolor alternan inexorablemente. La felicidad viene del sí mismo y sólo puede encontrarse en el sí mismo. Encuentre su sí mismo real (*swarupa*) y todo lo demás vendrá con él. La realidad no es ni subjetiva ni objetiva, ni mente ni materia, ni tiempo ni espacio. Estas divisiones necesitan a alguien a quien acontecer, un centro consciente separado. Pero la realidad es todo y nada, la totalidad y la exclusión, la plenitud y la vacuidad, plenamente consistente, absolutamente paradójica. Usted no puede hablar sobre ella, usted solo puede perder su sí mismo en ella".

Nisargadatta Maharaj es uno de los principales seguidores del Jñana Yoga o Yoga del Conocimiento, enseña el ideal del no dualismo (relacionado con la Vedanta Advaita) donde la realidad es la unidad, y la percepción de incontables fenómenos diferentes es una ilusión básica. Los maestros del Jñana Yoga afirman que todas las cosas son reales en el actual nivel de conciencia, pero en última instancia no están separadas unas de otras, no hay distinción entre ellas.

Todo es diferente grado de frecuencia, conciencia o vibración. Soy cuerpo físico, soy célula (unidad consciente menor de nuestro cuerpo), pero también soy átomo y cuanto, y a este último nivel, todos y todo somos uno y lo mismo.

Por eso el jñani dice que no hay que adorar a Dios, ni adorar una imagen, prenderle velas o lo que sea; nosotros somos Dios, yo soy Dios, Yo Soy.

Algunas obras, como el brillante comentario de Sankara al Brahma Sutra, hablan del camino de tres pasos del intelecto, que consta de:

- Sravana: escuchar (¡La primera de todo!).

- Manana: reflexión sobre su mensaje.

- Nididhyâsana: meditación o contemplación de la verdad, que es el sí-mismo-esencial (Atman).

Nuestros pensamientos se exteriorizan a través de la palabra. Con la práctica del silencio *(mauna)*, se produce una retroalimentación negativa que tiende a frenar los pensamientos.

El silencio es el gran maestro, y repetimos el viejo sutra: "uno es dueño de lo que calla y esclavo de lo que dice".

El silencio entonces es el gran maestro y el lenguaje del alma es la intuición *(pratibha)*.

Pero, ¿dónde está el observador o el testigo?, todo aparece cuando aparece él, todo depende del observador.

Los pensamientos terminan siendo tan solo mediadores químicos y sinapsis... ¿donde están?, ¿quién los crea?

Volvemos a lo de siempre, no soy mis pensamientos, hay algo detrás... ¿quién soy sino mis propios pensamientos?

Para el intelecto no hay otro Dios que condene o juzgue, nosotros somos y generamos nuestro propio karma y nuestro propio destino.

El intelecto es el camino para llegar a la conciencia y para vivir el presente, no son recuerdos o imaginaciones, ambos productos de la mente Manas.

A mi humilde entender, si vivís el "ahora" la psicología es innecesaria, si no vivís el "ahora" la psicología es incompleta.

¿Qué se entiende por ignorancia *(avidya)*?, pregunta el discípulo *(chela)* al maestro *(acharya)* vedanta. La respuesta es: "No saber que no sabes, no ver con claridad. Cuando ves con claridad, no tienes que pensar. Cuando no ves claramente, pones en marcha el pensamiento. Y cuanto más pensamos, más ignorantes somos y más confusión creamos".

El intelecto se basa en una de las fuerzas del conocimiento o *vidya* que nos habla de la verdadera realidad del ser, mientras que avidya (no conocimiento) también significa la identificación con nuestro cuerpo, con nuestro ego, con nuestra mente, la base de todos los problemas. El creer que somos un nombre, un cuerpo o una profesión, no permite que seamos auténticos.

Es que tenemos una errónea idea de lo que realmente somos.

El tratamiento

Graham Chikitsa es una de las 8 ramas (ashtanga: *ocho miembros)* del Ayurveda que se ocupa de la psicología y la psiquiatría ayurvédica.

También se le llama *Bhut Vidya* y contiene métodos de diagnóstico y tratamientos para enfermedades que atacan la mente, con la descripción de importantes influencias demoníacas y planetarias (a los locos se les dice *Chandmara*, matados por la luna).

Graham Chikitsa, entonces, se refiere a los diferentes factores internos y externos que afectan los desequilibrios de los doshas.

Como venimos diciendo, el psicoanálisis es el análisis de la mente y por lo tanto del tiempo. Podría ser llamado "cronoanálisis", pero ¿cómo analizar al movimiento?

Cuando lo analizo ya se fue, está en otro lado, en otro momento.

Analizar el tiempo es desnaturalizarlo, y esto es útil para la mente ya que la mente es el tiempo. Psicoanálisis y mente se llevan bien y hasta se autoabastecen, pero el intelecto profundo y la conciencia están más allá del psicoanálisis pues colapsan el tiempo.

La aceptación y el discernimiento del intelecto de lo que es real llevan al individuo a vivir constantemente el presente.

Conjuntamente a la psico filosofía, los otros métodos ayurvédicos tradicionales de tratamiento para enfermedades que afectan la mente son, en su mayoría, sobre la base de la Astrología, los Mantras, el Tantra (energía y Chakras), la Arteterapia.

La ideosfera es parte de la noosfera (*noos*: mente) y no se considera un lugar físico, sino un lugar dentro de las mentes de todos los seres humanos.

Para lograr espacio en la mente existe un tratamiento en la psicología hindú llamado *satvajaya*, que significa la higiene mental y espiritual. Satvajaya, es un método para mejorar la mente. Para alcanzar un superior nivel de función mental y espiritual, las categorías del satvajaya incluyen los mantras, las terapias del sonido que cambian los modelos vibratorios de la mente; el Yantra (dijimos instrumento de visualización), que a través de concentrarse en figuras geométricas lleva la mente fuera de los modos ordinarios del pensamiento; el Tantra (instrumento de expansión, liberación), que sirve para dirigir energías a través del cuerpo; la meditación, que se aplica para alterar los estados del conocimiento; y las gemas, los metales, los minerales y los cristales.

Este conjunto de métodos, sostienen los hindúes, puede descongestionar la mente de modo que posibilita que podamos ver las cosas frescas, como con los ojos de un niño. Las técnicas de satvajaya nos libran de emociones negativas de modelos del pensamiento y de prejuicios que pueden ser tan pesados que pueden condicionar nuestra vida (como la ingestión de un alimento indigesto). El alimento espiritual es el amor, conmigo, con otras personas, con la naturaleza, con las cosas.

Si alimento es todo lo que entra por los sentidos, el intelecto es el fuego que digiere las emociones.

La base del pensamiento hindú es la unificación de todas las cosas a pesar de su aparente multiplicidad. Esta idea impregna su sociedad, su religión y su cultura. A un nivel sutil, todos estamos formados por los mismos elementos que a su vez se construyen sobre esa fisiología cuántica oculta y, por ahora, inaccesible al entendimiento.

Volvamos un poco a uno de los principales items en la psicología hindú: la aceptación, el contentamiento. No es solo aceptar sino celebrar todo lo que nos pasa, sea bueno o malo pues es lo que *es*. "La aceptación de lo inaceptable es la mayor fuente de gracia del mundo" afirma E. Tolle. Recordemos que la persona que nunca hace nada incorrecto nunca crece.

Cada momento *es*, no se puede hacer otra cosa que aceptarlo pues ya pasó, no se puede negar ni discutir con lo que *es*. La naturaleza no pelea con el *es*...

La pelea con la naturaleza está perdida de antemano y puede desencadenar ira o depresión.

La Astrología es muy importante en la mente hindú (como explicara en mi libro *Ayurveda y Astrología)*, se consulta mucho al astrólogo que, a través de la carta natal, revela el destino de las almas y puede tener acceso a registros akáshicos que condicionan a la persona. Actualmente han sido abandonados muchos rituales, como así también la creencia del poder del sacrificio.

Luego que veamos los biotipos, hablaremos más sobre el tratamiento psicológico hindú con los biotipos corporales y mentales.

Solo el verdadero conocimiento libera herramientas como el autoconocimiento, el discernimiento, la aceptación, el rendirse y abandonar el ego a los acontecimientos.

La comprensión es el secreto de la transformación.

CAPÍTULO V

Chitta, la conciencia, las memorias

"Discúlpeme, no le había reconocido,
he cambiado mucho".
O. Wilde

Chitta significa muchas cosas en sánscrito: "quietud, mente", *"luminosidad, conciencia individual limitada,* (su raíz *Chit* es conciencia cósmica ilimitada).

Se corresponde con los elementos Espacio y Aire.

Ya dijimos que la raíz de la palabra Chitta es *Chit*, que es algo aún superior, ya que viene de Sat-Chit-Ananda: existencia-conciencia-bienaventuranza, plenitud. Sat Chit Ananda es el estado de nuestro verdadero Ser, nuestro Atman, muchas veces traducido como "alma".

Entonces, Chit es la conciencia no condicionada e ilimitada, es el Ser Supremo, mientras que Chitta es la conciencia individual condicionada por los karmas, los registros akáshicos, la memoria celular, los surcos o impresiones, las tendencias.

Recordemos que para la filosofía Samkhya, Chitta es conciencia, el Ser, y para la filosofía Vedanta es, también, memoria.

Veremos entonces ambas, primero la conciencia y luego las memorias kármicas.

La conciencia es el campo de movimiento en la mente. Es allí donde están las tendencias e impresiones que empujan a la mente, por medio de la cual está continuamente pensando. Es la fuerza motivadora detrás de las otras funciones de la mente, ya que el elemento Aire posee una capacidad para el movimiento, el cambio y la transformación (para comprender este elemento Aire, o *vayu,* hay que verlo a la vez como viento y como *prana*, energía).

Donde haya espacio habrá aire y, por lo tanto, prana. Esto sucede, sobre todo, en la mente. Ninguno de nuestros sentidos podría actuar o siquiera tener algún pensamiento sin esa vacua base de la conciencia o del propio Ser.

La conciencia es el saber cuántico, sin la estructura atómica de los neurotransmisores del cerebro, el saber del *akasha* o espacio con la conciencia cósmica. Pertenece a un estado relacionado con el alma y es una inteligencia mucho mayor que la de la mente e intelecto humanos.

La conciencia es vivir el momento presente. Sólo viviendo el presente uno se puede liberar del pasado. Así lo dijo alguna vez Eckhart Tolle "No puedes encontrarte a ti mismo en el pasado o futuro, el ahora es el único lugar y tiempo".

La conciencia no pasa por los pensamientos o la razón; es un proceso que ocurre desde el interior, desde el Ser. Chitta no está en el cerebro, sino en el corazón, constituyendo el cuerpo causal con residuos kármicos. Cualquier acción que provenga del cerebro, por más buena que sea, no es de adentro, es de poco valor. Hay que controlar al ego y actuar con el corazón, con el Ser.

La mente es quien se casa y promete amor para siempre, ignorando que mañana ya no será la misma.

El intelecto dice que ama hoy, en ese momento, y que mañana será otro día.

La conciencia no habla, sólo ama.

Chidaram es el gozo de la conciencia (*chit*, "conciencia"; *ram*, "gozar") cuando, por ejemplo, aparece la intuición que proviene del interior sin pensar y es el lenguaje metafísico del alma y la conciencia. La intuición es mucho más que la mente y el intelecto, no se puede explicar ni razonar. No aparece por medio de los pensamientos, sino que lo hace de forma abrupta, como un salto. Atraviesa como una realidad superior, tomando un atajo y sin dejarse tocar por los precarios pensamientos.

Recordemos que los chamanes hablan de tres existencias: lo conocido, lo desconocido y lo incognoscible (lo que nunca podrá ser conocido) y es allí donde la intuición es la reina, el saber sin conocer.

El instinto es más animal, el intelecto más humano y la intuición más sublime, más sutil. En primer lugar debemos dejar que el intelecto se encargue. Luego, dejar que se filtre en la mente. El intelecto debe actuar como puente entre la mente y la conciencia, entonces nuestro complejo Antahkarana se encontrará en una situación equilibrada.

Si la conciencia actúa, el intelecto no es necesario.

Cuando surge el saber, el pensamiento desaparece.

Nuestra conciencia es también el espacio en el cual interactúan con dinamismo las memorias:

- Tendencias (*vasanas*)

- Impresiones (*samskaras*)

- Memorias latentes, karmas.

No todas nuestras tendencias son negativas, las *vasanas* pueden ser de dos tipos: *vasanas* que causan esclavitud (*banda vasana*) o *vasanas* que solo dan goce (*bhoga vasana*).

Además, como veremos, los frutos del karma pueden ser negativos o positivos (llamados *punyam* y *papam*).

Chitta es entonces conciencia condicionada por las memorias y todo lo antedicho. Y ya que hablamos de memorias, Chitta es la más profunda de todos los estratos mentales. Allí se guardan todas las memorias de todas nuestras experiencias presentes y pasadas; es mucho más que la memoria celular, en ella se encuentra la unión con el universo, el AUM, la bienaventuranza... Es nuestro mundo interior, generalmente inconsciente, pero condicionado.

Todo lo que percibimos, vemos y oímos, queda registrado en Chitta.

Debemos saber entonces la necesidad de ser selectivo cerrando las ventanas a los sentidos, no permitiendo que entren en Chitta cosas equivocadas; sólo debemos permitir aquello valioso que puede ser enriquecedor o sáttvico. Porque todo lo que escuchamos o leemos, todo lo sublime, elevado, noble, intuitivo, e inspirador, es también alimento y se encuentra almacenado sutilmente en Chitta. Del mismo modo, lo feo, sucio, indecente, bajo y deshonesto también se encuentra almacenado allí.

Aquello que nos viene de anteriores nacimientos, e incluso lo que generamos en nuestra propia vida, no puede ser evitado. Sin embargo, sí puede ser modificado.

Según los hindúes, la mayor parte de Chitta es inconsciente para la mente ordinaria. Sólo está totalmente consciente el campo de la conciencia en las personas que poseen desarrollo espiritual. Cuando la conciencia es iluminada podemos trascender las limitaciones externas.

Nos libera realizar prácticas espirituales *(sadhanas)*, recibir distintas energías positivas, practicar diferentes tipos de meditaciones y llevar a cabo procesos de limpieza de conciencia. Así, las impresiones negativas dejan de guiarnos o de hacer uso de nosotros.

Chitta no está en el cerebro, sino en el corazón, constituyendo el cuerpo causal con residuos kármicos. Por lo tanto, si queremos cambiar de nivel de conciencia, tenemos que cambiar el corazón y bajar el ego. Chitta es también el campo de movimiento donde interactúan con dinamismo las tendencias e impresiones. Por ese motivo, es conciencia condicionada y móvil (espacio y aire). Es el espacio de las cuestiones cuánticas.

Antes de pasar al Karma, analizaremos algunos aspectos relativos al *cuanto*.

El *cuanto*

El *cuanto (cuanto, quanto* o *quantum)* es la parte más pequeña e indivisible encontrada hasta el momento. Atrás quedó lo que se creía que era lo más pequeño e indivisible: el átomo *(a:* "sin", *tomos:* "división")*. Anteriormente veíamos a todo y todos formados por átomos. El espacio, el tiempo, la materia... todo estaba conformado por este pequeño e indivisible átomo.

Fue John Dalton quien dio el puntapié inicial a la teoría de que los átomos sí tenían divisiones. Encontró los protones (+) y neutrones (sin carga) en el núcleo, así como los electrones (-) girando en las órbitas. Según la cantidad de electrones orbitando, será helio, hidrógeno, carbono, oxígeno... átomos que se juntarán luego para formar moléculas como lípidos, aminoácidos y proteínas, e hidratos de carbono o carbohidratos; y, a la vez, madera, hierro, agua, aire y otros. Tiempo después, nuestra visión siguió cambiando con el premio Nobel de Física en 1918, Max Planck, y luego con Albert Einstein, quien fue galardonado con el mismo reconocimiento en 1921. Otros premios Nobel de Física que sumaron sus aportes y descubrimientos fueron Niels Bohr (1922), Werner Heisenberg (1932), y Erwin Schrödinger (1933), quienes, entre otros, concibieron los *cuantos* por los que están formados esos protones, neutrones y electrones.

Pero volvamos al átomo: dentro del electrón (del protón y del neutrón), existen los *cuantos* y las características de estas partículas elementales (cuando están). Su nombre es *quarks*.

El 99,9% de la masa de un átomo está concentrada en el núcleo. El núcleo puede ser comparado con una nuez puesta en el centro de un estadio de fútbol y los electrones girando sobre las tribunas de arriba. Dentro de ellos, a la vez, todo está vacío.

Ahí están los *cuantos*, que son y no son, son onda y partícula a la vez, están y no están, los ves y ya no los ves. En su estructura inicial son totalmente impredecibles, ya que son estructura (partícula-materia) y a la vez no la son (onda-energía). El *cuanto* toma partículas de la nada, se hace partícula y al instante se vuelve nada.

Desde ya que no hay diferencia a nivel cuántico entre sólido, líquido o gaseoso.

Como a veces es onda y a veces partícula, a veces se ve y a veces no, todo dependerá del observador, e inclusive al observarlo lo estoy modificando… Es lo que se conoce como el "Principio de Incertidumbre de Heisenberg".

Existe un sutra sobre el *cuanto*:

"Cuando entendemos que no se puede entender el cuanto, es entonces cuando lo entendimos".

A nivel subatómico, la materia posee un aspecto dual; aparece como partículas o como ondas. Esta naturaleza dual se presenta también en la luz y en todas las radiaciones electromagnéticas. La luz es emitida en forma de *cuantos* o fotones; en realidad, los *cuantos* de la luz le aportan el nombre de cuántica a la física relativista. Cuando las partículas de luz viajan por el espacio, aparecen con la forma de ondas vibrantes de campos magnéticos y eléctricos. Los electrones normalmente se comportan como partículas, sin embargo, cuando un rayo de tales partículas es enviado a través de una hendidura, se comporta como una onda de luz.

El aspecto dual de la materia fue un hallazgo trascendente para la física y en especial para la cuántica. La partícula implica una localización marcada. En cambio, la onda se propaga por el espacio.

Lo que sucede es que dentro de la partícula también existe vacío.

Nuestro aparente mundo sólido está todo vacío, y ese espacio que lo infunde es inteligente, es el Chit Akasha, que también tiene asiento en nuestra mente. Ergo, cuantos menos pensamientos tengamos, tendremos más espacio e inteligencia verdadera más que acúmulo de datos.

Vimos que el pensamiento y todo movimiento mental común y cotidiano es atómico, ya que está formado por neurotransmisores químicos que se traducen como materia. Al pensar, ellos forman el tiempo. Por lo tanto, son objetos mentales. Volvemos, entonces, a preguntarnos: ¿Quién es el que piensa?, ¿Quién está detrás del átomo del pensamiento? ¿Quién soy?

Ese algo detrás de los pensamientos (de las emociones, de la ira, de la reacción), es parte de una fisiología oculta que a veces se puede ver; que está, y a veces no está.

A partir de ese estado, todo depende del observador, todo es una posibilidad. Su base es el *cuanto*.

La memoria de la vida

Nuestros *cuantos* tienen miles de millones de años y conocimientos de toda la filogenia. Al morir, muere la sustancia formada por ellos, pero no ellos.

Son vibración, materia y energía a la vez; onda y partícula; es y no es. Es onda, partícula y vacío al mismo tiempo, todo y todos estamos formados por lo mismo y nos interconectamos como un único ser, con su inconsciente colectivo flotando en un vacío misteriosamente impregnado de información. Para ellos no existe ni el tiempo ni el espacio; se puede estar en varios lugares a la vez, vivir el futuro, comunicarse con otros, con el pasado, con muertos, con aún no nacidos…

Como dice el sutra Zen: *"Busca sin buscar, vuela sin volar, realiza sin hacer"*.

A nivel subatómico, la materia no existe con seguridad, sino que muestra una tendencia a existir. Estas partículas no son puntos materiales clásicos, de localización precisa, sino que son paquetes de ondas probabilistas, es decir, una superposición de movimientos potenciales en todas direcciones. La materia es un estado de vibración diferente que, como todo, está formada por los *cuantos*.

Todo es una probabilidad de que ocurra o suceda algo, el *cuanto* es una tendencia a ocurrir o suceder, pues está y no está. Su unión vibracional con otros *cuantos* formará un átomo ya diferenciado, la unión de dos o más átomos ya es una molécula y varias moléculas formarán cosas cada vez mayores hasta terminar en una célula, una piedra, fuego, aire o cualquier otro elemento. La realidad cuántica nos indica que el *cuanto* no envejece ni muere, al igual la gravedad y la electricidad.

Cuando morimos, nuestras células dejan de funcionar. Pero dentro de ellas, la danza y el baile de los *cuantos* continúa y continuará por millones de años.

Animado e inanimado, partícula y onda a la vez, nuestra fusión con el cosmos a nivel cuántico es intensa y total. Percibimos hasta los cambios climáticos en nuestros *cuantos*; no hay límites definidos con el todo. Somos *cuanto*: el cuerpo es la partícula, la mente es la onda. La gravedad también es cuántica: atrae por su partícula y su onda de electromagnetismo.

Nuestro cuerpo no es independiente del cuerpo del universo, porque a nivel de la física cuántica no existen fronteras bien definidas. Somos como una onda, una ola, una fluctuación, una circunvolución, un remolino, una perturbación localizada en un campo cuántico más grande. Ese campo cuántico más grande –el universo– es nuestro cuerpo ampliado.

El universo todo es un cuerpo.

La teoría de Einstein afirma que la materia o el objeto y la energía son lo mismo, sólo difieren la velocidad y vibración de sus partículas subatómicas.

Einstein dice también que ningún objeto puede ir más rápido que la velocidad de la luz (casi 300.000 km por segundo, o sea recorre en un segundo siete veces y media la vuelta a la Tierra por el Ecuador) y que a esa velocidad el tiempo se detiene, no existe más. Por lo tanto, el tiempo no es absoluto, sino hasta manipulable.

En 1964, el físico J. S. Bell emitió un teorema en el cual los *cuantos* pueden trascender al tiempo en su conexión, de manera que cualquier cosa que le afecte a una partícula afecta inmediatamente a las demás, más rápido que la luz afectando a todos en el mismo momento, no transmitiéndose.

A este fenómeno se lo llamó *salto cuántico*.

Hay muchos casos inexplicables en medicina, del día a la noche hay *restituto ad integrum* de zonas necrosadas, personas dadas por muertas que reviven... es en este salto donde se realizan los milagros.

El *cuanto* está más allá del tiempo y el espacio, pues el salto cuántico va más rápido que la velocidad de la luz. Esto se contrapone a lo que sostenía Einstein: que nada podía ser más veloz que la luz. Trasciende el tiempo y el espacio, es un presente continuo donde no hay mente. La mamá siente lo que le pasó al hijo a miles de kilómetros, en el mismo momento en que le está pasando. Vibraron juntos en el mismo instante.

La física cuántica actualmente trabaja sobre terrenos que antes se consideraban exclusivamente patrimonio místico, oculto y esotérico. Cada vez hay más elementos en espera de ser conocidos; lo cierto es que los hechos cuánticos no se manifiestan hasta que no entra en escena un observador y todo depende de su punto de vista.

Lo místico, lo esotérico y lo oculto ya no suenan a amenaza, a brujería o chantaje, son pocos los que no creen en los fenómenos "paranormales" como la telepatía, la intuición, la telekinesis, la sincronicidad y la clarividencia.

Karl Pribram, quien estudió todo lo referente a la holografía, reconoce que para muchos no es fácil de asimilar, ya que requiere un cambio radical en nuestros sistemas de creencias.

Somos *cuantos* antes que átomos, por eso la mente puede mover objetos (telekinesis), porque puede fundirse en la sopa cuántica. Es más, sólo puede mover objetos gracias a que es parte de esa sopa cuántica; la telekinesis es una fiel prueba de ello. En términos cuánticos, la distinción entre sólido y vacío no existe, es donde la materia y la energía son intercambiables.

La física cuántica está metida en terrenos que antes se consideraban exclusivamente patrimonio místico, oculto y esotérico. Cada vez hay más cosas en espera de ser conocidas, lo cierto es que los hechos cuánticos no se manifiestan hasta que no entra en escena un observador y todo depende de su punto de vista.

En el siguiente cuadro observaremos las diferencias atómicas o newtonianas y las cuánticas o einstenianas:

Cuanto	Átomo
Dalton, Bohr, Heisenberg, Planck, Einstein, Schrödinger y otros...	Newton y la física cotidiana
Tiempo relativo al observador	Tiempo absoluto
Jüng	Freud
Atemporal	Temporal
Mente colectiva	Mente individual
Materia y no materia a la vez	Materia
Intuición	Raciocinio
Coincidencia	Prefijado
Silencio/Telepatía	Palabra
Cuerpo/Mente/Espíritu/Universo	Cuerpo
Forma átomos	Forma moléculas
Circular	Lineal
Sin principio ni fin	Empieza y termina
Analógico, cambiante	Digital, exacto

Saint Germain	René Descartes
En cada parte está el Todo	El Todo es más que la suma de las partes
Hemisferio cerebral derecho	Hemisferio cerebral izquierdo
Hemicuerpo izquierdo	Hemicuerpo derecho
Brahman (in manifestado, plegado).	Maya (manifestado, desplegado)
Purusha Atman	Pakriti Jiva
Medicina Ayurveda-Tradicional China-Homeopatía. Unani y otras	Medicina Alopática u occidental.

Para los Vedas, el individuo es un *cuanto*: existe y no existe. Existe cuando piensa, razona, desea, proyecta, etc., y no existe cuando está en su Ser o Atman atento al presente, consciente, concentrado.

En realidad, ambas ideas no son excluyentes. Si observamos con detenimiento, notaremos que una columna complementa a la otra. Einstein no dice que lo que dijo Newton no sirve, al igual que Jung de Freud o el hemisferio cerebral derecho del izquierdo. En definitiva, la columna de la izquierda dice que hay más, que no hay límites y que todo puede ser, aunque muchas de las cosas cotidianas no salgan de la segunda columna.

El *cuanto* de mi piel es igual al del aire o el de mi ropa. Nuestra fusión con el cosmos es intensa y total, no hay límites definidos con el todo. La realidad cuántica nos indica que el *cuanto* no envejece ni muere, al igual que el átomo, la gravedad y la electricidad. Al morir dejan de funcionar nuestras células, pero dentro de ellas, la danza y el baile de los cuantos siguen y seguirán por millones de años.

Nosotros somos un *cuanto*: el cuerpo es la partícula, la mente es la onda. La gravedad también es cuántica: atrae por su partícula y su onda de electromagnetismo. Nuestro cuerpo no es independiente del cuerpo del universo, porque a nivel de la mecánica cuántica no existen fronteras bien definidas. La globalización es el átomo, la materia que se agranda, y para ir más afuera y arriba debemos tener más raíces o sea más individualización, más para adentro, más cuanto.

Chitta es todo *cuanto* y el *cuanto* atenta contra el simple sentido común: se puede manejar el tiempo, todo es relativo, puedo estar en varios lados a la vez, puedo no estar, ver vidas pasadas, etc. El tiempo, la verdad, la realidad, el prana... también son todas cuestiones cuánticas que dependen de quien las ve.

Como no hay dos sin tres, veamos los tres mundos que componen nuestro universo, según Deepak Chopra:

1. Características del Universo cuántico

- Se manifiesta la creación.

- Existe la energía.

- Empieza el tiempo.

- El espacio se expande desde su origen.

- Los hechos son inciertos.

- Ondas y partículas se alternan unas con otras.

- Sólo pueden medirse probabilidades.

- Causa y efecto son fluidas, no se distinguen.

- Nacimiento y muerte suceden a la velocidad de la luz.

- La información está inmersa en energía.

2. Características del mundo material o Universo visible:

- Los acontecimientos están definidos.

- Los objetos tienen límites fijos.

- La materia domina sobre la energía.

- Es tridimensional.

- Perceptible por los cinco sentidos.

- El tiempo fluye en línea recta.

- Cambiable.

- Sujeto a decadencia.

- Los organismos nacen y mueren.

- Es predecible.

- Causas y efecto son fijos.

3. Universo espiritual:

- Sin energía.

- Sin tiempo.

- Ilimitado, cada punto del espacio es cada uno de los otros puntos.

- El todo existe en cada punto.

- Silencio infinito.

- Dinamismo infinito.

- Correlación infinita.

- Poder infinito de organización.

- Potencial creativo infinito.

- Eterno Inconmensurable Inmortal, más allá de la vida o la muerte.

- No causal.

Karma, las memorias

La palabra sánscrita *karma*, deriva de la raíz verbal *kry* ("acción", "hacer") y se corresponde con el principio o ley universal de acción y su reacción o consecuencia.

El karma va unido a la reencarnación, es decir, a la rueda de nacimientos y muertes que los hindúes llaman *samsara* (no confundir con *samskara* que era "impresión" o "surco mental").

No sólo no recordamos vidas pasadas, sino tampoco los primeros años de nuestras vidas. Y no por eso fueron inexistentes.

Al morir cambian los cuerpos físico y mental, existe una fuerza vital de información vibracional que sobrevive a la muerte y pasa de cuerpo en cuerpo con sus modificaciones hasta alcanzar la liberación o unión con el Yo Superior.

En la mayoría de los darshanas (significa *"ver"*, son las las diferentes escuelas filosóficas de la India que veremos luego), el ciclo interminable de nacimiento, muerte y re-nacimiento, se asume como un hecho irrefutable de la naturaleza. También la mayoría de esas creencias consideran la rueda del samsara negativamente, como una posición errónea de la que hay que escapar y volver al Yo Superior.

Por su parte, *metempsicosis* en el occidente es un término filosófico griego referido a la creencia en la transmigración del alma de un cuerpo a otro, especialmente su reencarnación posterior a la muerte.

La mayor parte de Chitta es inconsciente para la mente ordinaria. Sólo en la persona con desarrollo espiritual el campo de la conciencia está totalmente consciente. Cuando la conciencia es iluminada podemos trascender las limitaciones.

El resultado de nuestra acción es llamado *karma phalam* (de *phala*: "fruto") y con la acción dhármica tendrá frutos positivos llamados *punyam,* mientras que con la mala acción *(adharma)* generará frutos negativos o *papam.*

A su vez, los frutos de esas acciones pueden ser inmediatos o mediatos (en ésta u otras vidas, de ahí el concepto de malformaciones congénitas). Es decir, somos lo que hemos hecho y seremos lo que hagamos.

La mente nace del karma y crea karma. El karma nace de la mente y crea mente.

Según la religión hindú, el karma es la ley fundamental del universo, es como una generalización de la ley de la causa y efecto, aplicado a todos los ámbitos o planos de la existencia. Todo lo que hacemos nos será devuelto, ya que el karma contiene memoria en información vibracional.

Karma no es una ley de venganza, sino de compensaciones.

Con respecto a esa acción, Nisargadatta Maharaj dice: "El rumbo que tomen las cosas no está en tu poder, pero sí la motivación de tus actos". Este resultado final está muy sujeto a leyes kármicas, tanto de quien lo emite como de quien lo recibe.

Newton decía que toda acción genera una reacción en sentido opuesto y de igual fuerza. De acuerdo con esta idea, nuestras acciones y pensamientos producirían karma y este karma se iría acumulando, cosechando lo que uno siembra, como dijo Jesús.

En cada reencarnación estaríamos transportando el karma producido en ésta y en anteriores vidas, esto nos condicionará, aunque no nos predetermine absolutamente.

Por lo general, uno no acciona sino que reacciona por las tendencias e impresiones samskaras, y eso es fraccionado, sin conciencia, sin ser testigo.

Los samskaras son cicatrices causadas por el karma.

Los tipos de Karma

Nuestras acciones pueden reducir o aumentar el karma, dando así mayores o menores posibilidades a nuestros deseos de libertad. Dentro de esta forma de pensar, karma y libre albedrío conviven limitándose uno a otro.

En cada reencarnación, la astrología Jyotisha informa del karma pasado, así como de las mayores o menores posibilidades que tenemos en la actual vida de acumular o eliminar karma, entonces Jyotisha es de gran ayuda al hindú en su camino de perfeccionamiento espiritual para poder mejorar cada vida y finalmente salir de la rueda de reencarnaciones.

Las impresiones mentales no indican determinismo, pero sí inclinación, o tendencia. Tenemos la libertad de hacer lo que nos plazca si tenemos conciencia y amor, las dos fuerzas más integradoras, como dice Sesha.

Ahora bien, la fuente del Karma puede ser adiatmika (causada por nosotros), adibhautika (fenómenos externos como ser Tsunami o terremotos) y adidaivika (influencias astrales).

Los tipos de karma a su vez son:

- Karma sanchita (significa "acumulado"): el depósito de los frutos de la acción acumulados, ya sean buenos o malos.

- Karma prarabda (de la raíz *prakk*, "temprano", "antes", y *arabda*, "comenzado") la que traemos de vidas pasadas que nos dará nuestra familia, el país en que nacemos, nuestras vasanas y samskaras (dijimos tendencias e impresiones).

- Karma agami ("venidero") es la que estamos fabricando ahora, para ésta y otra vida (que pasará a llamarse prarabda).

Karma pasado y presente van juntos y luego se depositan en sanchita. Al reencarnar, traemos lo que dejamos en ese depósito sanchita, que nos inducirá a hacer el que estamos fabricando ahora.

A través del karma que generamos en esta vida, corregimos nuestro karma pasado y generamos un nuevo destino. Es aquí donde tenemos el libre albedrío de elegir en qué dirección orientamos nuestra vida, así como el modo en que sembramos nuestro futuro.

El karma no se agota con el tiempo, sino despertando el complejo mental. Ni los sabios, videntes o gurús escapan al Karma. Ellos están sujetos al karma katancia, el karma superior. De todas maneras, las personas que comienzan a elevarse espiritualmente, también empiezan a escapar a los condicionamientos planetarios. La vida de los santos y grandes maestros espirituales está más allá de las influencias astrales.

Puedo controlar la acción, pero no el resultado de la misma.

El karma modela todas las formas del Ser.

El Dharma

Dharma es la acción correcta sin importar el resultado de las acciones, la que no genera karma. La noción de Sanatana Dharma es una de aquellas leyes (filosofías, escuelas, doctrinas) de las que no existe un equivalente exacto en Occidente, ya que parece imposible encontrar un término que la exprese claramente y bajo todos sus aspectos. En sánscrito, *Sana* significa "siempre", "eterno" y "perpetuo". En efecto, el término *Sanatana* implica una idea de duración, es el eterno orden moral, el sustento de todas las creencias filosóficas.

La acción dhármica entonces es la más cercana a la naturaleza, que no pasa por el pensamiento de la mente sino por el intelecto o la sabiduría de la conciencia.

Para discernir qué es lo correcto, lo natural, lo dhármico de lo adhármico, está el intelecto. Karma Yoga habla precisamente de eso, del discernimiento en la acción; ya que, ubicados en tiempo y espacio, para muchos no se puede No actuar, entonces es mejor hacerlo, al menos, en su correcta vía: la del medio.

El dharma es la otra cara de la moneda del karma, así como la mente lo es del tiempo.

Las palabras de Maharishi Mahesh Yogi son claras: "El dharma es ese invencible poder de la naturaleza que sostiene la existencia, mantiene la evolución y da forma a la base misma de la vida cósmica, sostiene todo aquello que es beneficioso para la evolución y desalienta todo lo que se opone a ella. Para entender el papel del dharma en la vida debemos considerar la mecánica de la evolución. Cuando la vida evoluciona de un estado a otro, el primer estado se disuelve y el segundo es traído a la existencia; en otras palabras, el proceso de evolución se lleva a cabo bajo la influencia de dos fuerzas opuestas, una para destruir el primer estado y la otra para dar lugar a un segundo estado. Estas fuerzas creativas y destructivas trabajando entre sí en armonía mantienen la vida y hacen girar la rueda de la evolución. El dharma mantiene el equilibrio entre las fuerzas cósmicas opuestas, el drama resguarda la existencia y sostiene el sendero de la evolución, el sendero de la virtud".

Dharma se asocia con el intelecto y el discernimiento, pues no hay chance, no hay elección. Hay que elegir. No puedo no elegir ya que, al hacerlo, también estoy eligiendo. "La elección con intelecto es discernimiento".

Constantemente estamos eligiendo, desde que nos levantamos; elegir tiene que ver con la libertad, pasa que la libertad puede ser usada, pero también abusada o mal usada.

Hay leyes para poder vivir en libertad y no molestar a nadie. No podemos no elegir pero para los hindúes debe hacerse a través del dharma, con valores apropiados y para ello es necesario un profundo intelecto.

Santana Dharma son también las leyes universales de gravedad, biológicas, fisiológicas, mentales.

La ley del dharma es una escala de valores ética; por ejemplo al cultivar no violencia (ahimsa), mi respuesta siempre será pacífica, mi sentido de lo apropiado e inapropiado posará sobre una matriz de norma de conducta pacífica.

Nuestra vida está condicionada por atracción/aversión (raga/dvesha) y no por el dharma, mientras que si cultivamos el dharma, esa atracción o placer se transforman en raga ennoblecidos.

Según el dharma, mis atracciones o aversiones no son más el factor decisivo de mi vida, mi elección nace de lo adecuado a través de mi entendimiento de las leyes universales.

Los valores del dharma son universales, pero no absolutos. Dependen del contexto, la época y la situación, entre otros factores.

Al igual que el karma, existe el dharma universal, el dharma de una raza, de un pueblo y el personal. Mi dharma será acorde a la época que nací, dónde, mi familia, mi situación, etcétera.

En blanco

Como hiciera con *Zapping Demente* (Editorial de la Universidad Maimónides), vamos a hacer algo lindo con *Ayurveda y Psicología*: voy a dejar la hoja que sigue en blanco para vos.

Vas a tener que elegir.

Así pasa a ser tuyo también. Podés poner lo que quieras, con o sin mente, con manas, buddhi o chitta. Todo es válido. Puede ser algo pensado o intuitivo, un dibujo, una mancha, un mandala... podés escupirla, sacarla, arrugarla, compartirla y que cada uno escriba o dibuje algo; también, que elijan dejar la hoja en blanco.

Nunca va a ser igual. Aunque dejes la hoja en blanco, será tu blanco. Y por eso será incomparable.

A partir de que completes esta hoja en blanco, estarás comprometido con el libro. Aceptación, pues, y a elegir.

Me encantó.
Original e insustituible.
Nadie en el mundo hubiera hecho lo mismo.
No es para juzgarlo, ni analizarlo, ni comentarlo.
Es tu sensación, tu no mente o tu mente única. A partir de ahora, éste es *nuestro* libro.

CAPÍTULO VI

Bahyakarana: los sentidos

Así como Antahkarana es el instrumento mental interno, existe otro externo, de entrada y salida, llamado *Bahyakarana* y que corresponde a los órganos de los sentidos, conocidos como indriyas.

Bahyakarana viene del sánscrito *Bahya* que significa, entre otras cosas, "exterior" y "de afuera"; *karana*, por su parte, es "instrumento".

La mente trabaja a través de los órganos de los sentidos y estos no trabajan de modo independiente. Los sentidos son herramientas de otra herramienta que es la mente, por eso, desde la filosofía hindú se considera a la mente como otro sentido integrador.

Dijimos que para el Ayurveda, todo lo que entra por nuestros sentidos es alimento. Lo que vemos, tocamos, olemos, oímos y comemos alimenta nuestra mente. Para cambiar el nivel de conciencia es necesaria una buena nutrición mental, tal cual sucede en el cuerpo físico con su alimentación.

La mente está constituida por dos instrumentos fundamentales: uno exterior, llamado Bahyakarana, que es el soporte de las sensaciones; y otro interno, Antahkarana, que es el soporte de la percepción, integración y del pensamiento en general.

Bahyakarana es entonces lo que podríamos llamar sensibilidad e integración a través de los órganos de los sentidos. Estos son propiamente las facultades y no los órganos materiales respectivos.

Así, hablamos de la facultad de la visión y no del ojo, o la capacidad de aprehensión y no de la mano.

Los sentidos son el complejo que hace posible la percepción de las sensaciones determinadas de los objetos, es decir que sentimos tal sabor o tal sonido concreto porque poseemos "previamente" la forma general (Tanmatra) del sabor y del sonido.

Los sentidos son el vestíbulo sensorial de la mente, cuya función consiste en aportar material sensible a Antahkarana, que es el verdadero constructor del conocimiento.

Las Upanishads grafican a Bahya y Antahkarana con un carruaje con cinco caballos con un auriga o cochero, donde los caballos salvajes corresponden a los cinco sentidos (que, en definitiva, si no son controlados se desbocan), las riendas corresponden a la mente, el cochero sería el intelecto (quien maneja las riendas y controla los caballos, es decir, la mente y los sentidos), el carruaje es el ego, y el camino a atravesar es nuestro karma.

Para tener los caballos controlados, la rienda (mente) debe ser buena, pero el cochero (intelecto) es fundamental.

Por supuesto que todo depende de cómo uno lo enfrente, pero caben pocas dudas de que a algunos les toca vivir un camino más fácil y con mejores caballos y jinete que a otros. El camino más fácil sería tener menos karma, los perfectos caballos y el jinete correspondería a la conciencia; karma y conciencia, todo ubicado en Chitta.

Esos mismos sentidos pueden tanto engañar como armonizar, prevenir, curar, dañar e incluso matar.

Un ruido fuerte, una luz intensa, los olores ácidos y penetrantes, los sabores extremos, los golpes, pueden dañar; por el contrario, nos calman los aromas, la música, el tacto y los ricos sabores.

Los sentidos son caballos salvajes que, si no son controlados, pueden actuar por más, por menos o incorrectamente, tomando lo correcto como lo más cercano a lo natural. La ausencia total natural de los sentidos se da en estados como el sueño y la meditación (dhyana).

Los sentidos (indriyas) en realidad son diez (once si contamos la mente como sexto sentido integrador), los cinco primeros llamados Jñanendriyas o "Indriya de Jñana, sentido del conocimiento" son los aferentes cinco sentidos de percepción que según su aparición son: oído, tacto, vista, gusto y olfato. Estos se corresponden con los sentidos de la acción o Karmendriyas (de *Karma*, "acción") que son las facultades del sistema nervioso motor: expresión oral, aprehensión, deambulación, procreación y excreción.

Sentidos del conocimiento	Sentidos de la acción
Oído	El Habla (hay que escuchar antes de hablar)
Tacto	Manos (aferencia y eferencia sensorial)
Visión	Pies (ver dónde camino)
Gusto	Órganos genitales (el agua los une)
Olfato	Ano (recibo y doy)

Para el Ayurveda no sólo recibimos e intercambiamos información por medio de los sentidos de percepción y de acción, sino que estamos también conectados con una red energética, invisible, sutil y colectiva que une a todos y todo.

No hay nada en el intelecto que no haya pasado por los cinco sentidos, salvo el propio intelecto. Por esa razón, para el Ayurveda, la mente sería el sexto sentido mediando entre Antah y Bahyakarana.

Seguimos entonces el orden de aparición de los sentidos, al igual que el orden en que aparecieron los elementos.

El oído

Está relacionado con el elemento Espacio o Akasha y con el dosha Vata (ver luego).

La vibración es trasmitida por la membrana del tímpano hacia los huesecillos Martillo, Yunque y Estribo y, por ellos, hacia el Caracol donde está la vía coclear o auditiva, para su posterior traducción. Los conductos semicirculares, el utrículo y el sáculo corresponden a otra función del aparato auditivo que es la vía vestibular o del equilibrio.

En realidad, al principio fue todo sonido, esa vibración/explosión fue la que creó y expandió (y aún lo hace) al Espacio.

El AUM es el sonido que irrumpe en el Big Bang y no la consecuencia del mismo, por eso es la Gran Explosión.

Ese sonido no audible y no producido AUM (recordamos léase "om") resuena aún en el espacio expandiendo todo y todos.

Su órgano de acción es la boca con la fonación, el habla, *(escuchar antes que hablar)*; su elemento es el espacio, su órgano de percepción es el oído y el de acción son las cuerdas vocales.

Es el sentido de la percepción de vibraciones del medio que oscilen entre 20 y 20000 Hz (Hertz: ciclos por segundo).

El sonido vibra directamente dentro de nosotros. No hay que traducir ni pensar, pero por otro lado seleccionamos los sonidos que oímos; y a veces automatizamos tanto eso de oír que ya oímos sin escuchar.

Las frecuencias de sonidos audibles son conocidas; cada vibración y frecuencia corresponderá a una nota musical. Así, si estipulamos que la nota *La* vibra en 055 hz. (el *La* más grave), sus armónicos serán los múltiplos del sonido original; los armónicos del *La*, serán otros *La* cada vez más agudos, entonces tenemos *La* en 110 hz, 220, 440, 880, etc.

Todo sonido va acompañado de armónicos, los escuchemos o no.

Los cantos armónicos con cuencos tibetanos son una muestra del poder del sonido. Al escuchar música, en forma tranquila y con-sciente, rápidamente notamos que transmite algo más, predispone a un estado de ánimo y a una vibración especial.

La música influye a todos, pues no es necesario tener que saber leer el pentagrama o interpretarla ni sacar conclusiones o tener que analizarla. Simplemente uno la disfruta y se deja llevar.

Entonces, si nuestra mente se alimenta por los órganos de los sentidos, cambiando y mejorando su percepción, cambiaremos también lo que entra y lo que sale.

La sadhana o práctica para el conocimiento dice: *"Primero hay que escuchar"*.

El tacto

Está relacionado con el elemento Aire o Vayu y, por lo tanto, con Vata, al igual que el oído.

La piel no sólo es el órgano sensorial del tacto, sino que, en general, es el más importante nexo entre nuestro organismo y el exterior.

Para el Ayurveda, la piel es una lengua gigante que absorbe todo; ergo, no deberíamos poner nada a la piel que no se pueda comer.

La piel es el órgano más extenso del cuerpo humano y está compuesta por tres capas de tejido, que, de afuera hacia adentro, son la epidermis (relacionado con el biotipo Vata), la dermis (Pitta) y la hipodermis (Kapha).

"Estesia" es sensibilidad, percepción, tacto a través de la piel.

"Anestesia", en cambio, es falta o ausencia de sensación o percepción de tacto, presión, dolor, frío o calor; todos estos receptores se ubican en las capas de la piel dermis e hipodermis.

También forman parte de este órgano los anexos cutáneos: los pelos, las uñas, las glándulas sebáceas y sudoríparas.

Ahora sabemos que las células de la piel también están llenas de micro filamentos que se interconectan con la superficie intranuclear y extracelular por medio de las integrinas. Aparte de las *integrins* o integrinas, al parecer cada célula se conecta con la vecina y a distancia por medio de tonofilamentos, hemidesmosomas (desmo, ligamento, también quiere decir puente-atadura), filamentos de anclaje, conexinas, etc.

La coordinación ocurre en trillones de trillones de puntos y cada proceso tiene una consecuencia con el todo. Cualquier estado emocional trae cambios corporales y en el todo, a causa de esta red.

Lo que uno toca no es meramente la piel, sino una red continua e interconectada por todo el cuerpo, e inclusive del cuerpo con el universo.

Su órgano de acción son las manos.

"Quiro" es mano; "quiropraxia" es acción con las manos; "quirófano" es mostrar las manos (antes las salas de cirugía tenían ventanas para ver); "quirología" es su estudio; y "quirestesia", sensibilidad en las manos.

Todo pasa, se recibe y transmite a través de las manos; todo lo que pasa por ellas, nuestra energía, nuestros fluidos, nuestras emanaciones, contienen la quintaesencia de nuestro ser. Un verdadero rishi, clarividente o médium, puede conocer cualidades, defectos, estado de salud y acontecimientos de nuestra vida actual y pasada a partir de un objeto que hayamos tocado.

Estamos dejando huellas en todo lo que tocamos; cuando le damos a alguna persona un objeto, le estamos dando parte de nosotros mismos, compartimos nuestras vibraciones, ya sean positivas o negativas. Por eso es importante estar armonizados en intelecto y corazón para que ninguna parte negativa nuestra sea transmitida.

Las manos son como antenas que atraen y reciben las corrientes de energía del océano cósmico en el cual estamos inmersos. Son el cerebro externo del cuerpo físico. Con la aparición filogenética de la oposición del pulgar, nos permitió hacer la pinza para la escritura, la construcción, el uso de herramientas y la posibilidad de manejar el fuego.

Podemos utilizar la mano en actos hostiles o pacíficos, creando espacios armónicos, amorosos y saludables. Sabemos de curas y grandes mejorías con la sola imposición de las manos.

Es a través del saludo como determinamos algunos rasgos de la personalidad de la otra persona: si es un leve toque, lánguido, estamos frente a alguien desvitalizado o muy lejano. Una mano cálida fuerte y apretada (siendo hombre, cuando le das la mano a un hombre), nos da confianza; una fría y floja, nos despierta inseguridad y deseos de alejarnos.

Habría que observar con más atención nuestras manos y hacer uso de ellas con más cuidado, decisión, ciencia y, especialmente, amor.

El tacto, la aferencia, es lo que cuenta.

Hay que tener tacto, metafísicamente hablando.

He visto pacientes hemipléjicos que se afeitan sólo el lado sano de la cara, pues el otro no lo sienten. No importa que se vean en el espejo.

Por más motricidad que exista, si no tengo sensibilidad, no uso ni existe para mí el segmento en cuestión. Su elemento, entonces, es el aire, su órgano de percepción es la piel y el de acción, las manos.

El término *gassho* se refiere a un gesto manual (*mudra*) y corporal para saludar: con las palmas de las manos juntas sobre el corazón, con los dedos apuntando hacia arriba como en posición de oración y con una leve pero notoria inclinación reverencial. Se utiliza en varias tradiciones budistas e hindúes, así como en numerosas culturas en toda Asia para dar las gracias, mostrar respeto y veneración, para pedir perdón, para rezar, saludar, pedir alimento y para entregar amor.

La vista

Está relacionado con el elemento Fuego o Agni y, por lo tanto, con el Dosha Pitta. Su órgano de acción son los pies, su elemento es el fuego, su órgano de percepción es el ojo (para ver por dónde caminamos).

Es, posiblemente, el sentido más importante de todos cuantos poseemos. Por él penetra en nosotros la mayor parte de la información para nuestra vida y posee la capacidad de detectar la energía electromagnética dentro de la luz visible por el ojo e interpretar por el cerebro la imagen como vista.

La visión es el sentido que consiste en la habilidad de detectar la luz y de interpretarla. Es propia de los animales superiores. En realidad, lo que vemos, oímos, olemos, etc. son diferentes vibraciones; no existe el rojo, sino que se trata de una vibración que vemos en cuanto seres humanos. El perro, por ejemplo, verá ese mismo color como nosotros vemos el gris; el murciélago lo verá como sonido, y vaya uno a saber cómo lo verá una mosca… Dicho sea de paso, para los humanos, el rojo es el color de más baja frecuencia, más denso (corresponde al 1er. chakra), mientras que el infrarrojo no puede ser distinguido por nosotros. El violeta es el color de mayor frecuencia (7mo. chakra) y el ultravioleta tampoco es visible. El color es otro lujo biológico del hombre, ya que no lo necesita para su supervivencia como animal.

Según el Ayurveda, a todo lo que vemos le aplicamos nuestro sexto sentido, que corresponde a la mente. Esto significa que le incorporamos nuestras verdades, demandas, ilusiones, prejuicios y condicionamientos.

Según nuestros ojos, la Tierra es plana y el suelo no se mueve; la realidad indica que escuchamos y vemos lo que queremos, en todo sentido. Nunca nos llega nada tal cual es.

Al ver o escuchar algo, lo falseamos desde adentro. Inmediatamente está siendo modificado por la ideología, la sociedad, la religión y la moral.

"Amigo mío, yo no soy lo que parezco –dice el poeta libanés Khalil Gibrán–, la apariencia es una túnica que visto, una túnica muy cuidada que me protege a mí de tus preguntas y a vos de mi negligencia. Mis palabras no son sino tus pensamientos convertidos en sonidos".

Los ojos también nos muestran al Sistema Nervioso Central y a través suyo vemos la energía intensa y vibrante (o no) de las personas. Incluso existen especialistas en leer el iris del ojo y hacer iridodiagnósticos (iridiólogos).

Y, como se suele decir, los ojos son la ventana del alma.

Hay personas cuyos ojos están apagados, como si estuvieran muertos; en otras es posible leer la furia, la mentira, la bondad, el amor o el desprecio. Entre ambos ojos, en la línea superciliar, se ubica el tercer ojo, el 6to. Chakra, lugar de la intuición, la clarividencia y lo cuántico.

En la época lemúrica (Tercera Raza Metafísica o Lemur, de 15 millones de años sobre el continente Mu, en el Océano Pacifico, tal cual escribiera en *Ayurveda y Metafísica*), los habitantes del Planeta tenían ese único ojo relacionado con la glándula Pineal.

El alcance visual es de unos 10 km, pero todo depende de la mente. Todos sabemos que, muchas veces, somos incapaces de ver lo que pasa a 10 cm de nuestras porpias narices. Como dice el sutra, *"No hay peor ciego que el que no quiere ver"*.

El gusto

El gusto está relacionado con el elemento Agua o Kleda y su órgano de acción (Karmendriya) son los genitales.

La alimentación ayurvédica tiende a incorporar alimentos cada vez más sanos, siempre acorde al micro y macrocosmos, es decir, a la persona y su entorno (relaciona dosha, edad, clima, estación, actividad, deporte, etc.).

Desecha alimentos envasados, procesados, cocinados en microondas, recalentados y recocinados, así como la comida chatarra. Todo eso le quita el prana a los alimentos, no importa la edad, dosha o clima del que se trate.

A diferencia de muchas escuelas que proclaman la prioridad de los alimentos crudos, para el Ayurveda la cocción es muy importante. Es mucho más fácil su digestión y absorción. Si es calentado naturalmente, no pierde en absoluto el prana.

Hay una estrecha relación gusto/olfato, ambos se juntan en el hipotálamo y donde la lengua capta los sabores y están relacionados con el dosha Kapha.

Es interesantísima la visión del gusto desde la medicina de la India. Explica que hay tres estadios de gustos:

- El de la boca o *Rasa*, que incluye seis sabores (amargo, dulce, ácido, salado, picante, astringente).

- El impacto principal en el estómago o *Virya*, dividido en frío o caliente.

- La impronta final en los tejidos o *Vipaka*, que se reduce a tres sabores (dulce, ácido y picante).

Según el Ayurveda, el dulce apacigua al sistema nervioso central. Del mismo modo, cada sabor tiene una vibración o cualidad que influye en todos los cuerpos.

Muchos saben que las grasas no son buenas (las saturadas) y que los hidratos de carbono en exceso, tampoco. Lo que pocos conocen es la combinación o armonía de los alimentos.

EL PH es el equilibrio e interacción existente entre lo acre o ácido y lo salado o alcalino. Cada alimento necesita de un PH especial para poder digerirse.

Las proteínas (por ejemplo, la carne) hacen que el PH del estómago sea ácido. En cambio, los hidratos de carbono (por ejemplo, el puré) elevan el PH, lo hacen alcalino. Cada uno hace del PH lo que necesita para absorberse. El resultado al combinar ciertos alimentos es que se establece una "pelea de PH" en donde nadie sale ganador. Por el contrario, se generan toxinas que perjudican al organismo.

La fruta es otro ejemplo interesante. El Ayurveda explica que jamás debe comerse como postre, ya que se absorbe muy rápido impidiendo y molestando la lucha para digerir la carne o lo que hayamos ingerido antes. Además, la fruta alcaliniza el medio que, por ejemplo, ya había sido acidificado por la carne.

Las grasas tardan más en digerirse, por lo que no deben mezclarse con los hidratos de carbono. Los carbohidratos (hidratos de carbono o azúcares), por su parte, se absorben rápido. Las proteínas tardan dos horas en absorberse; las carnes en general, de tres a cuatro horas; las carnes grasas, como el cerdo, pueden llegar a tardar más de ocho horas.

La solución ante este panorama es preferir una comida simple, de un tipo básico por vez, que incluya todos los sabores siguiendo las leyes de la alimentación: calidad, cantidad, armonía y adecuación.

Otra recomendación del Ayurveda con respecto al gusto es evitar el frío. Lo frío no es bueno (*ice isn't nice*, reza el sutra ayurvédico inglés) porque impide la motilidad gástrica, produce vasoconstricción de los vasos sanguíneos, perturba el peristaltismo y enlentece las secreciones y los jugos gástricos. Además, cierra los srotas y los nadis (canales físicos y canales sutiles energéticos).

El olfato

Está relacionado con el elemento Tierra o Prithvi. Juega un papel muy importante en el gusto, tal como vimos en la figura anterior.

Su órgano de acción (recordamos Karmendriya) es el ano y su órgano de percepción es la nariz. Al nacer, lo primero que hacemos es inspirar; al morir, lo último que hacemos es espirar. Cada vez que respiramos estamos naciendo y muriendo.

La nariz y el cerebro se comunican por el bulbo olfatorio que, apenas reciben la vibración del aroma, se comunica con la glándula Pineal o Epífisis, con la glándula Pituitaria o Hipófisis, y con el Hipotálamo (el cerebro del cerebro), lo que genera que todo el cuerpo vibre simpáticamente.

También se comunican la nariz y el cerebro por una circulación secreta que el Ayurveda llama *Shringhataka*, que corresponde a las venas faciales con su circulación retrógrada al cerebro, ya que no tienen válvulas. Esta retro circulación sólo existe si la persona está acostada boca arriba (decúbito dorsal). Por ese motivo, luego de cualquier medicamento administrado por la nariz, uno no debería acostarse inmediatamente.

Es el sentido encargado de detectar y procesar los olores, ergo es un sentido químico en el que actúan como estimulante las partículas aromáticas u odoríferas desprendidas de los cuerpos volátiles, que ingresan por el bulbo olfatorio ubicado en la nariz y son procesadas por el sistema olfativo.

La nariz humana está capacitada para distinguir entre más de 10.000 aromas diferentes. El olfato es el sentido más pesado y fuerte al nacer, de hecho, es gracias a él que reconoce un bebé a su madre.

El aroma es vibración, al igual que el sonido. Como tal, resuena en nuestras células. La aromaterapia tiene gran poder en resonancia con la mente; nos puede agradar, calmar o excitar.

Inciensos y aceites están hechos con resinas del tronco, por lo que por su naturaleza contienen prana o energía. A la vez, abren los canales sutiles energéticos llamados *nadis*. Dicho sea de paso, es muy importante que nunca se ingiera un aceite aromático, ya que pequeñas cantidades pueden hacer agujeros en el estómago e, incluso, provocar la muerte. Son volátiles, irritantes y destructivos de la mucosa. También hay que evitar su contacto con los ojos.

El olfato ayuda a la intuición y percepción mental general; de allí la famosa frase: "Tiene olfato para los negocios".

Las ciencias metafísicas hablan de más sentidos físicos como son la telepatía, la intuición, la clarividencia y las percepciones, que no ingresan por los órganos de los sentidos. Desde el punto de vista del Yoga, de la Vedanta y del Samkhya, los sentidos pertenecen a la envoltura *Vijñana maya kosha*.

Envolturas y cuerpos

La Vedanta describe la naturaleza del ser humano como cuerpos llamados *Shariras*, interrelacionados con envolturas llamadas *Koshas*.

Esta descripción de la naturaleza humana está formada por tres cuerpos o Shariras diferenciados, pero sumamente interrelacionados. Por su parte, estos tres cuerpos contienen, a su vez, las cinco envolturas Koshas:

- El *Anna maya kosha* (la traducción es "alimento, ilusión, envoltura") es la envoltura del cuerpo físico denso, cubierto por los restantes a los cuales, a su vez, alimenta. Se nutre principalmente por los alimentos. Es el que vuelve a la tierra cuando muere.

- *Prana maya kosha* es la envoltura energética que se encuentra fuera del anterior. Está compuesto por los cinco prana o aires vitales y se nutre por asanas, pranayamas y yoga en sí.

- Envuelve *Mano maya kosha*, la envoltura mental, Mana, que se nutre con el prana, el dharma o acción correcta, y la meditación.

- *Vijñana maya kosha* es la envoltura de la sabiduría, la envoltura que le sigue. Es Buddhi o el intelecto con los órganos de percepción. Se nutre por el conocimiento que da la aceptación y el discernimiento.

- Por último, cubriendo a todos, se encuentra *Ananda maya kosha*, que es la conciencia pura del ser, traducido como bienaventuranza, Chitta. Se nutre por la conciencia pura.

Por su lado, el cuerpo físico es llamado *Sthula sharira* y se relaciona con Anna maya kosha. El cuerpo físico es solo una residencia (*ayatanam*). Al igual que dejamos nuestro cuerpo de niño y adolescente, también dejaremos el cuerpo de adulto y, luego, el de la vejez.

La muerte es la disociación de Sthula sharira con los demás cuerpos.

El cuerpo astral es *Sukshma sharira*, y se relaciona con tres capas o envolturas: Pranamaya kosha, Manomaya kosha y Vijñanamaya kosha.

En el cuerpo causal o *Karana sharira* está ubicada Jivatman, Chitta, el verdadero Ser, Ananda maya kosha con sus memorias individual y cósmica, sus tendencias o vasanas y sus impresiones, huellas o samskaras.

Lo cierto es que el alma finalmente asume un ego falso, tal como un actor que representa variados papeles, pero que sigue siendo diferente de cada uno de los roles que parece asumir. El ego es una energía ilusoria o engañosa que asume como si fuera el Yo, pues cuando el alma desciende al plano material o físico, al ser cubierta por las diferentes Koshas, necesita de un "yo" para actuar en esas plataformas.

El alma, el Ser, jivatman, o como se lo quiera llamar, es la energía espiritual superior; no puede expresase en el plano físico ni sutil (energías materiales), por ello se desarrolla este "yo" que se identifica con uno de los cuerpos o Koshas que cubren al alma, de acuerdo al estado de conciencia en el que el individuo se encuentra.

El alma se expresa en su totalidad en el plano trascendental. El cuerpo causal también es el asiento del karma. Todo lo que hagamos nos vuelve, sea bueno o malo, en esta u otra vida.

Cosechamos nuestra siembra.

CAPÍTULO VII

Los biotipos

Los biotipos para el Ayurveda son llamados *Doshas* (Vata, Pitta y Kapha) cuya palabra, en realidad, podría significar "desequilibrio" o "tendencia hacia algo perturbador". Los Doshas mencionados no tienen una traducción exacta en nuestro idioma, se refieren a elementos, arquetipos, fuerzas, vibraciones, o energías no visibles pero cuyas manifestaciones o efectos pueden percibirse.

Muy brevemente veremos cómo nos damos cuenta a qué Dosha pertenecemos.

Para el Ayurveda, todos (y todo) estamos formados por cinco Elementos provenientes, a su vez, de la triguna: Espacio, Aire, Fuego, Agua y Tierra.

En realidad, más que Elementos, debería vérselos como cualidades:

- Vata, formado por Espacio y Aire (viento), será de cualidades expansivas, abiertas, livianas, móviles, rápidas, frías, secas, en ráfagas, cambiante, sin rumbo fijo, con alternancias, impredecible, limpiador o ensuciador, impalpable sin forma, etc.

- Pitta (elemento fuego y agua, lo cual hace ácido) será caliente, penetrante, preciso, agudo, energético, cocedor, con poder de digerir y transmutar, iluminador, quemante.

- Kapha (elemento tierra y agua) es de cualidades estable, resistente, frío, estático, firme, pesado, confiable, duradero, oleoso, no cambiante, tranquilo.

Para diagnosticar el Dosha de cada persona se debe tener en cuenta un aspecto anatómico, uno fisiológico y uno mental.

Por el lado anatómico, los del biotipo o dosha Vata serán delgados, altos o bajos; secos, con articulaciones prominentes y crujientes, tienden a ser de piel fría y áspera; tienen uñas y dientes quebradizos y más amarillentos, ojos pequeños, cabellos de marrón a oscuro; son móviles, parlanchines y huidizos.

Los Pitta son de complexión, peso y tamaños moderados; son más rubios, pelirrojos o claros, con tendencia a la calvicie por lo fino de su cabello; tienen piel suave clara y de profusa transpiración, se ubican en el medio entre Kapha y Vata en cuanto a sus caracteres, dejando de lado la temperatura (es el único dosha con fuego).

Kapha (o Kafa) son los más fornidos; tiene relación con la Tierra y el Agua, la arcilla y el cuerpo; tiene la estructura más sólida de los tres (es el único con elemento Tierra); es firme, de dientes claros, con ojos grandes y oscuros, al igual que el pelo que es grueso y oleoso; tienen tendencia al sobrepeso.

En el aspecto fisiológico, las fuerzas dóshicas regulan diferentes funciones.

La estructura anatómica (los tejidos, el cuerpo físico) es Kapha, ya que está formado por los elementos agua y tierra. Los Kapha tienen tendencia a tener sólido el cuerpo sin haber hecho mucha gimnasia.

La digestión es Pitta, con sus fuegos enzimáticos y digestivos.

El sistema nervioso, el de transporte y circulación, es Vata.

Las características mentales de los doshas están empujadas por los elementos que lo componen, como vimos en el capítulo de Antahkarana. Todo pensamiento está influenciado por nuestro elemento.

Así, impulsado por sus elementos de espacio y viento, vemos que los Vata son expansivos, abiertos, rápidos, sin rutina alguna, inquietos, de mente liviana, móvil, errática y dispersa. Actúa en ráfagas. Son creativos, artísticos, innovadores, alegres y entusiastas. De apetito variable y de mal dormir, son ansiosos e inquietos, tienen poca paciencia y se fatigan rápido.

Retienen fácil, pero olvidan fácil también.

Pueden padecer de insomnio, ansiedad, intranquilidad, adicciones y alteraciones nerviosas. Son muy sensibles, sobre todo a los ruidos.

Pitta, por su lado, es de mente caliente y actúa siempre pensando. Hace todo en orden y bajo rutinas; de carácter firme y determinante, son muy razonables, inteligentes y competitivos. Pitta es perfeccionista, no tolera errores y es hipercrítico. Tiene buen apetito y mucha sed; duerme poco, pero profundamente. Desarrolla un óptimo pensamiento para debatir y discutir. Dominantes, puede caer rápido en raptos de ira, enojos y violencia.

Los elementos que nos componen "tiran" para su lado y lo parecido incrementa lo parecido. Es decir, si soy del dosha de fuego llamado Pitta, tendré que luchar contra el fuego toda mi vida, pues ya tengo mucho de eso, esto no significa que debo dejar de lado los sabores picantes, la sal, el sol, los alimentos fermentados, la ira y la competitividad, ya que mis desequilibrios harán que me "incendie", ocasionando gastritis, conjuntivitis, dermatitis, úlceras y problemas de piel.

Con su Tierra y Agua estable, Kapha es apacible, tranquilo y amoroso; confidente, fiel, seguro y digno de confiar. Es tolerante; aprende con lentitud, pero lo retiene para siempre. Pensativos, pacientes y metódicos, cuando se desequilibra tiende a caer en el apego, la codicia, la avaricia o la depresión. También tienden al sueño y la inactividad.

El apego impide el flujo de energía, pues bloquea los nadis, la ansiedad y la angustia. Todos pertenecen a Ahamkara.

Por lo general, somos todos doshas combinados y no existe un dosha mejor que otro, lo cierto es que sea el dosha que sea, el estrés no es de afuera, es una situación creada por el nuestra propia mente.

Para el Ayurveda, las tres cuartas partes de un desequilibrio son de índole mental, mientras que sólo un cuarto es del cuerpo físico. Al conocer su elemento predominante, uno sabe que de eso tiene demasiado, por lo que entonces tendría que hacer lo contrario a su elemento antes de que sucedan las cosas para no caer en desequilibrios. Lo similar incrementa lo similar.

Si soy Vata aire y como alimentos *light* o verduras crudas y frías, estoy incrementando las cualidades que de por sí tengo de más (dosha). Sucede entonces que, si soy Vata, debo bajar, calmar, tonificar y calentar. Pitta, en cambio, debe enfriar, no competir, ni creerse dueño de la verdad. Por su parte, Kapha debe levantar, soltar, mover y calentar.

En los capítulos pasados vimos el complejo mental en general, pero no hay dudas de que, ante una misma situación, es muy distinta una respuesta Vata, Pitta o Kapha.

Para el Ayurveda, todo es relación de cualidades. En el siguiente cuadro veremos un resumen de los 5 asientos o Subdoshas de cada dosha:

Vata o Vayu	Pitta o Pita	Kafa o Kapha
Pranavayu	**Alochakapitta**	**Tarpakakafa**
Es la energía que entra, relacionado con los nervios. Es el aliento cósmico y el testigo silencioso. Relacionado con el cerebro y el aparato cardiorrespiratorio. Guardián de la Energía.	Ojos, visión interna o creativa. Guardián de la Visión, es también parte del fuego del discernimiento o viveka. Es el fuego de la vista.	Fluido cerebral, LCR, órganos de los sentidos. Guardián de la Paz. Protege médula espinal, nutre el cerebro.
Udanavayu	**Sadhakapitta**	**Bodakakafa**
En la garganta y hacia arriba. Guardián de la Memoria. Movimientos hacia arriba, a la cabeza. Se relaciona con la voluntad, la expresión, el entusiasmo.	Corazón, memoria, hormonas, impulsos sistema nervioso. Guardián del Fuego Espiritual. Relacionado también con la digestión de la emoción, la ira, el corazón, la valentía.	Lengua, órganos de los sentidos. Guardián de la Estima, nos da el gusto por lo tanto la elección y lo que tenemos que dejar de lado. Actuaría conjuntamente en la viveka con Alochakapitta.
Samanavayu	**Pachakapitta**	**Kledakakafa**
Estómago, colon. Movimientos hacia adentro o internos. Guardián del Balance, de la digestión y la homeostasis o equilibrio. Circulación centrípeta.	Estómago, llama digestiva, es el Guardián de la Llama o del Fuego. Relacionado también con el hecho de poder digerir las emociones.	Fluidifica estómago y tracto digestivo (moco). Guardián de la Humedad; la humedad justa lubrica, elonga, flexibiliza, une.

Vyanavayu	Ranjakapitta	Avalamvakakafa
Circulación centrífuga, piel, sistema vegetativo y del corazón, relacionado con las venas. Guardián de la Caridad, relacionado con el corazón y expansión mental.	Sangre, pigmento orina y materia fecal. Guardián de la Pasión. Relacionado con el hígado, el bazo, el color de la orina y de la materia fecal.	Lubricación del pulmón y del corazón. Guardián del Amor ya que fluidifica y suaviza. Ocupa tórax, pulmones y garganta.
Apanavayu	**Bharajakapitta**	**Shleshakakafa**
Movimientos de eliminación física y mental. Guardián del Vacío. Relacionado también con la reproducción, el 1 y 2 chakra, la inmunidad ya que aumenta ojas.	Piel, su brillo, lustre y sus melanocitos; Relacionado también con la luz o fuego de la percepción. Guardián de la Belleza.	Articulaciones, movimiento. Relacionado con la flexibilidad física y mental. Guardián de la Paciencia.

La Triguna

Al igual que todo en la vida y siguiendo con la filosofía Samkh-ya, la mente tiene tres dimensiones, fuerzas o cualidades llamadas *Guna* que interactúan entre sí: Sattvas, Rajas (léase *rashas*) y Tamas.

Guna significa "que unen", "hilo", "hebra" o "cuerda", porque de alguna manera nos mantienen sujetos al mundo externo u objetivo. Son energías que están tanto en la superficie de la mente como en el aspecto más profundo de nuestra conciencia.

Sattvas

Sattvas significa "esencia pura"; es el principio de la claridad, amplitud y paz, es la fuerza del amor que une todas las cosas. Algunos de los valores humanos sáttvicos ayurvédicos son Satya, Dharma, Shanti, Prema, Ahimsa, Santosha, Viveka (Verdad, Rectitud, Paz, Amor, No violencia, Aceptación, Discernimiento).

La mente sáttvica vibra con pensamientos, alimentos y acciones sáttvicas.

Lo sáttvico no es solo lo que pasa, sino también cómo uno reacciona con lo que sucede. Representa la cualidad etérica pura, la mente meditativa. Es lo que tiene la misma naturaleza que la verdad y la realidad.

Es la cualidad de la inteligencia, la virtud, la bondad, la armonía, el balance y la estabilidad, el servicio, el respeto y la creación. Es de naturaleza liviana y luminosa; posee un movimiento interno y ascendente que causa el despertar del alma. Sattva provee felicidad y satisfacción duradera. Es el principio de la claridad, amplitud y paz, amor, autocontrol y autoconocimiento, pureza, veracidad, fe, valentía, devoción, inocencia, humildad, que une todas las cosas, ananda. Es también adaptación, aceptación, discernimiento, humildad.

Rajas

Rajas es la cualidad del cambio, la actividad, la turbulencia y la evolución. Inicia el desequilibrio que perturba la armonía existente y es la fuerza que mueve a las otras gunas.

Rajas es la misma fuerza del Big Bang. Rajas está motivado en la acción, siempre buscando una meta o fin que le da poder. Posee un movimiento externo y conduce a la fragmentación y desintegración.

A corto plazo es estimulante y placentero, pero debido a su naturaleza perturbadora intrínseca, rápidamente se convierte en dolor y sufrimiento.

Es la energía tras deseos, pasiones, emociones y pensamientos. Es la fuerza de la pasión que causa aflicción y conflicto; se refiere a la energía que hace que las cosas se lleven a cabo, que busca alcanzar, crear a ejecutar; es la causalidad del poder terrenal y del impulso sexual, la conquista, la competición, la victoria,

Los alimentos rajásicos incluyen yerbas y condimentos picantes. Son demasiado salados o dulces, muy amargos, muy calientes, muy ácidos o picantes, etc.; todo lo que sea demasiado no es bueno, es rajásico yendo a lo tamásico.

Tamas

Tamas es la cualidad de la estupidez, la torpeza, la oscuridad y la inercia. Posee un movimiento descendente que produce decaimiento y desintegración, causa ignorancia y delirio en la mente y promueve la insensibilidad, el sueño y la pérdida de conciencia. Es el principio de lo material y la inconsciencia que forman un velo sobre la conciencia. En el ser humano, se refiere a las características de glotonería, indulgencia y flojera. Tamas también es apego, materialismo, bajeza, mentiras y violencia. Los alimentos recalentados, procesados y congelados son tamásicos. Si guardamos los alimentos cocinados uno o más días se vuelven tamásicos, por eso es necesario comer los alimentos inmediatamente después de cocinados. Los productos que comienzan a oler son tamásicos, así como el microondas, pues destruye el prana. Los alimentos tamásicos incluyen todas las formas de carne, así como el alcohol, los fármacos y las drogas.

Entonces, el Ayurveda presenta una clasificación cruzada en cuanto al cuerpo físico y a la mente: por un lado habla de doshas o biotipos corporales compuestos de dos elementos cada uno, conocidos como Vata (elementos Espacio y Aire), Pitta (Fuego y agua) y Kapha (Agua y Tierra); por el otro lado, explica que existen cualidades, gunas o atributos mentales llamados Sattvas (pureza), Rajas (movimiento) y Tamas (inercia, bajeza).

De acuerdo al Ayurveda, en la Naturaleza estas tres cualidades o atributos primarios son los principales poderes de la Inteligencia Cósmica o Brahman, que determina nuestro crecimiento espiritual.

Todos los objetos en el universo dependen de la variada combinación de estas tres fuerzas.

- Sattva: Conciencia. Inteligencia. Imparte equilibrio.

- Rajas: Energía. Pensamiento. Causa desequilibrio. Movimiento.

- Tamas: Sustancia. Materia. Crea inercia.

Sattva es el estado de equilibrio, es responsable de la verdadera salud y curación. Rajas y Tamas son los factores que causan enfermedad y habitualmente trabajan juntos. Por ejemplo, el consumo de comidas demasiado picantes, alcohol en exceso e indulgencia sexual, pueden conducir a una condición tamásica de fatiga y colapso de la energía.

Veamos un pequeño resumen de estas fuerzas de la naturaleza a nivel mental:

Sattva	Rajas	Tamas
Virtud, paz, aceptación, hacia adentro	Actividad, competencia, hacia afuera	Embotamiento, inercia, hacia abajo
Crea armonía	Crea cambio	Crea inercia
Movimiento hacia adentro y también afuera	Se mueve hacia afuera. Se fragmenta y disgrega	Es obstrucción y velamiento
Clara y luminosa, amor a todos y todo	Posesividad y búsqueda de poder	Oscuridad, depresión, apego, codicia.
Búsqueda espiritual	Visión enfocada en otra dirección.	Dificultad en percibir y conectarse con lo espiritual
Son amorosos y compasivos sin apego	Aman por interés, con reclamo o expectativas	No les importan los demás.

Las cualidades de la mente se pueden trabajar, fortalecer, enriquecer, pasando de acciones negativas y de bajas energías al otro polo.

Para ir de un desequilibrio tamásico de baja frecuencia (por ejemplo, la depresión) a lo sáttvico o puro, necesariamente hay que pasar por lo rajásico (que es la fuerza que "levanta" a tamas).

Las tres gunas van siempre juntas pero, al igual que los doshas, varían en su proporción. Están sujetas a las leyes de *Alternancia, Interacción Permanente y Continuidad,* que es la tendencia o inercia a seguir en ese guna.

Hagamos un cuadro de repaso cruzado entre el Antahkarana y la Triguna, para su integración.

	Sattvas	Rajas	Tamas
Chitta, la conciencia	Paz, amor, fe devoción, servicio	Disturbios emocionales, descontento, falta de memoria	Bloqueos emocionales, ansiedad, depresión
Buddhi, la inteligencia	Discriminación, Aceptación, control de los sentidos	Hipercrítico, comparador, mente cerrada	Profundos prejuicios, pérdida de inteligencia, deshonestos
Manas, la mente	Buena predisposición, y control de los deseos	Muchos deseos, indulgencia sexual y alimentaria	Haragán, pesadez mental, embotamiento, adicciones.
Ahamkara, el ego	Devoción, entrega hacia el otro respeto por todo ser viviente	Ambicioso, arrogante, soberbio, manipulador	Dependencia, apego, Comportamiento deshonesto

Cualquier dosha puede tener cualquier guna. De hecho, todos los doshas tienen todos los gunas; lo que difiere es en su proporción y relación.

Para el Ayurveda, todos tenemos un factor que predispone para ciertas enfermedades o desequilibrios, así como otro desencadenante.

El factor que predispone está dado, entre muchos otras influencias, por el elemento constitutivo de nuestro biotipo. Si en el dosha el elemento principal es el fuego (o sea, es Pitta) está más predispuesto a que sus desequilibrios sean fuego dependientes, o sea se puede "quemar": ya sea con úlcera, gastritis, hemorroides, problemas de piel, patologías de los ojos o inflamaciones en general.

Cada dosha o biotipo tiene lugares y destinos predispuestos hacia ciertos desequilibrios, lo cual no indica que un Pitta no pueda deprimirse o un Kapha no pueda ulcerarse, sino que no están inclinados a esos desequilibrios por su composición. Si mi desequilibrio es el fuego (pues soy Pitta) estaré más desequilibrado cuanto "más leña le eche al fuego", es decir, si están presentes la sal, los sabores ácidos, el picante, la competitividad, la ira y crítica, entre otros factores.

En cambio, estar formado por los elementos tierra y agua, el dosha Kapha tiende a ser más estático e inerte. Así, este dosha puede caer en obesidad y depresiones más fácilmente que los otros dos. Por su lado, el viento de Vata lo puede llevar a neurosis, insomnio, temor, ansiedad y a hablar en exceso.

Pero finalmente vemos que falta el factor desencadenante que, si bien puede ser por causas endógenas (cualidades tamásicas como enfado, miedo, angustia, inercia) o exógenas (ambiente familiar, trabajo, divorcio, muerte de un ser querido), es por lo general un derrumbe interno más que un ataque externo.

Es una falla del que dirige, del intelecto Buddhi.

La depresión

La depresión es un desequilibrio de guna Tamas asociado a fuerza Kapha (elementos agua y tierra) por mal uso del intelecto. Según el Ayurveda, la depresión crea una toxina de cualidad pesada, pegajosa, lenta y húmeda, como los elementos agua y tierra de Kapha. El sabor dulce también está compuesto por los elementos agua y tierra; ergo, el dulce induce a la fuerza Kapha, pues lo similar incrementa lo similar. Ahora bien, la mayoría de los antidepresivos promueven la ingesta de dulce, lo que conforma un círculo vicioso de retroalimentación negativa.

Es muy frecuente que muchos cánceres comiencen con depresión. Por eso es importante inyectarle energía al deprimido, darle fuerza rajas y despertarle la mente. El uso de antidepresivos es aconsejable sólo si el médico así lo entiende.

Como alimento es todo lo que entra por los sentidos, los picantes son un buen impacto rajásico para el depresivo.

Para pasar de una cualidad tamásica (depresiva) a la sáttvica (felicidad pura y bienaventuranza) es necesario pasar por lo rajásico, es decir, el movimiento, el motor; "sacar" al deprimido del estado de adormecimiento y letargo.

Ahora bien, ¿cómo "inyectar" energía y parar la mente? Es claro que el tratamiento de la depresión tiene que llevarse a cabo con control médico. Además, debe tenerse en cuenta que "no hay enfermedades sino enfermos" y que cada deprimido debe tratarse como un mundo aparte.

El primer paso es sacar del cuerpo la toxina mental; de otro modo, no hay tratamiento posible. Si la toxina no se puede sacar con métodos alimenticios, cambios de hábito y cambios de estados mentales, existen métodos más catárticos como enemas, purgas, instilaciones nasales, sangrías y vómitos, que el Ayurveda llama *panchakarma* ("cinco acciones") y que dependerá del dosha en cuestión, la época del año, los antecedentes y su estado actual, entre otros. Lo que sí es cierto, sea necesario o no el panchakarma, es que la alimentación y los hábitos juegan un papel crucial.

Siguiendo con el ejemplo de la depresión, el Ayurveda utilizaría también sabores que equilibran a Kafa, que son el amargo, el astringente y el picante; mientras tanto, los que lo agravan son los sabores "pesados", como el dulce (el más pesado de todos), el salado y el ácido.

Es importante "despertar" al deprimido con acciones como deportes, música, arte terapia, dormir poco, no tener mucho tiempo libre, meditación, ludoterapia (juegos) y vida al aire libre.

La terapia artística puede concretarse a través de la danza, la pintura, la música, la escultura, la poesía y la meditación. Es una buena manera de bajarse un rato del ritmo de vida estresante que llevamos. Es una terapia preventiva, curativa y sanadora. No sólo se la orientará hacia el arte en sí, sino también hacia su entorno y alimentación. Si el deprimido se encuentra en un hospital, se debe modificar la visión deprimente que tiene: que no sólo vea aparatos de medicina, sino también cuadros, flores, esculturas y música. La misma recomendación en su casa, trabajo, etc.

El arte libera el espíritu para que mente y cuerpo estén en armonía; al igual que la meditación, estimula al sistema inmunológico. De hecho, meditación y arte van de la mano.

La mayor creatividad se da en personas formadas en otras disciplinas. Un Vaydia (médico ayurvédico) que sepa pintar o tocar el piano, será mucho mejor Vaydia que uno que no posea ninguna aptitud en estas disciplinas.

Aunque no hace falta mediciones para algunas cosas, son muchos los estudios que indican que el arte puede mejorar la calidad de vida, e influir favorablemente en la enfermedad.

El arte y lo que cura es aquello que sale de nuestro interior.

Cuando existe depresión, la comida tamásica a evitar son los embutidos, los enlatados, el *fast food*, el microondas, las carnes rojas, el cerdo, las grasas y aceites, lo rancio, lo crudo, lo recocinado, lo recalentado y lo procesado.

Si bien lo rajásico no es lo más conveniente, sino lo sáttvico, para salir del estado tamásico es necesaria una dosis rajásica o de acción, tanto de hábitos como de alimentos (por ejemplo, a través del consumo de café, té, picante, ajo, cebollas u otras bebidas y comidas estimulantes). Desde ya, repito, todo debe ser controlado por un buen vaydia o médico ayurvédico.

Rompiendo Tamas se desarrolla Rajas, calmando luego a Rajas se desarrolla Sattvas.

Por ejemplo, el simple hecho de ir a correr es una gran herramienta rajásica para estados tamásicos del ahamkara como depresión o gula.

El auto-conocimiento sáttvico no puede comenzar directamente desde tamas. Como dice David Frawley en *Ayurveda and the Mind*: "Todos los problemas psicológicos no son más que un mal manejo de la mente".

Por supuesto, además de nuestra mente y relaciones externas existen genes, predisposición hereditaria o familiar, geografía del lugar y otros factores que influyen en el estado mental de cada uno de nosotros. Son tantas las causas y factores predisponentes posibles que, aunque sean diagnosticadas, son muy difíciles de erradicar. Es por eso que un salto cuántico, una cura inmediata, es dejar caer el gobierno de la mente, observarla desde afuera y vivir el ahora.

El estudio de la mente es importante cuando refleja la realidad en acción, el estar atento constantemente a la conciencia y al presente. La atención y le intención es lo que cuenta, pero es necesario saber que la inmovilidad y el silencio no son inactivos.

Por último, para acceder al camino de la renovación hay que pasar por la destrucción. Es necesario abandonar la vieja personalidad llena de prejuicios y valores prestados. La destrucción de lo falso no es violencia, sino entrar en un nuevo mundo sin fronteras, religión, política, ni tradiciones.

PALABRAS FINALES

Para la psicología védica, el primer paso para transformar la mente es descubrir y reconocer una autoridad superior a ella: el intelecto. Es el intelecto el que observa, elige, controla y maneja a la mente y a los sentidos, tomando las riendas de la situación. Es la autoridad que nos lleva a la acción correcta y, en definitiva, a la conciencia, el verdadero hogar. La labor de discriminación y discernimiento del intelecto está basada en la eliminación, el análisis y la nueva aceptación.

Sabemos que tenemos tendencias e inclinaciones a llevar a cabo ciertas cosas; pero el hombre es el único animal cuyo libre albedrío le permite emprender aquello que desee. Cada momento es único e irrepetible y tenemos la capacidad de vencer y superar todas nuestras tendencias con un profundo auto-conocimiento, con el consecuente cambio de mentalidad.

La psicología profunda ayurvédica trata la vida en sí misma aquí y ahora, más allá del dogma, la religión o las opiniones.

El psicoanálisis occidental es el análisis de la mente y, por lo tanto, del tiempo. Significa volver al pasado una y otra vez para analizarlo. La psicología oriental se dedica a la aceptación del presente, aceptar lo que viene y lo que se va. Nos enseña que lo que ya pasó "es lo que es" *(om tat sat)*. Como vivir el momento presente colapsa el tiempo, queda anulada toda posibilidad de psico o crono-análisis.

Eso no significa que debamos estar en contra del psiconálisis occidental. Existieron grandes aportes por parte de sus seguidores. Carl Jung, por ejemplo, fue un genio que abrió y todavía hoy abre muchas mentes gracias a su psicología cuántica transpersonal. Fue él quien dijo: "Quien mira hacia afuera sueña, quien mira hacia adentro, despierta". Pues, cuando el hombre cansado de bucear mil filosofías comienza a sospechar que él es la fuente de donde emanan, se constituye en un discípulo de la sabiduría tomando el camino de ser testigo, aceptar y vivir el presente.

Vivimos en el medio de la naturaleza y le somos extraños, decía Goethe. Y tenía razón: la naturaleza habla con nosotros continuamente, pero no la escuchamos.

La verdad no se esconde de uno, sino al revés.

La consigna es clara: cambiar, al menos, un hábito. Si cambiamos un hábito, pronto cambiaremos una costumbre; luego, el carácter, el intelecto, la personalidad y la conciencia. Un buen hábito a cambiar es la no aceptación de lo que soy o lo que nos pasa. Debemos aceptar y estar contentos con lo que es, pues ya es.

La gran mayoría de nuestros problemas nacen del hábito de luchar contra lo que ya es. Todo lo que la mente "toca" lo vuelve complejo; el rollo que crea de la película nos destruye y la película sigue tal cual. Nunca cambiamos nada, ni a nadie. El estrés no proviene de afuera, sino de lo que mi mente corporiza.

Cambiando el hábito de creerse un ego y todo lo que conlleva (falta de aceptación, celos, rencor, demandas, comparación, envidia, remordimiento, ira, etc.) desaparece la raíz de todos los problemas.

No sirve la imposición o las dietas, sino que el cambio es mental. Comprender, discernir, aceptar y desapegarse de los resultados de la acción, nos ayuda a modificar lentamente algún mal hábito.

Muchas de las personas que hoy sufren tienen casa, comida y ropa, de modo que sus problemas son puramente mentales, es decir, virtuales.

Es muy difícil, sino imposible, librarse de la mente que obliga a actuar al cerebro como una glándula que segrega pensamientos. Pero sí es posible entenderla, indagarla, separarse y, por qué no, utilizarla como una herramienta. Al fin y al cabo, la mente es precisamente eso.

Separarme de mis pensamientos es una valiosísima actitud. Debemos entender que esa mente es virtual y funciona según miles de condicionamientos, ir directamente atrás de ellos, atrás de la mente, y quedarse ahí, en el cuántico y eterno momento presente.

Todo cambia. Lo único que no cambia es precisamente eso: que todo cambia.

Lo que fue ayer jamás puede ser lo que es hoy.

La aceptación (recordamos, no es igual a resignación) es otra de las herramientas para la psicología hindú. Pero, como siempre, nuestro ego no sólo no acepta, sino que quiere cambiar lo que *es*.

No se pueden forzar las cosas, pues no van a cambiar.

La única forma de que cambien las cosas es que uno modifique su visión de ellas.

Entonces sí las cosas cambian.

Y, en realidad, si uno está atento no hay que cambiar ni hacer nada.

Las cosas lo hacen a uno.

Me despido como empezamos: con amor.
Chau, y gracias por leerme.

Fabián Ciarlotti

fabianciarlotti@fibertel.com.ar
fabianciarlotti@hotmail.com

La filosofía hindú

La filosofía y mitología de la India influyen y permean en toda la psique hindú.

En Occidente, "filosofía oriental" se refiere de manera muy amplia a varias religiones asiáticas (no filosóficas), entre ellas el hinduismo. Cuando el mismo término se utiliza en un contexto académico, se refiere más bien a la tradición filosófica darshana.

El término *darshana* significa "visión" y proviene de la raíz sánscrita *dris*: "ver".

La terminología tradicional divide las distintas escuelas filosóficas de la India en dos grandes grupos. El primer grupo está compuesto por los sistemas llamados *astika* u ortodoxos; son los que aceptan y siguen las escrituras sagradas del hinduismo, como los Vedas, la Vedanta y las Upanishad.

El otro grupo, los sistemas heterodoxos que no aceptan la autoridad de tales escrituras como texto revelado, son llamados *nastika*, no astika. Engloban filosofías de todo tipo y entre ellos se encuentran el Budismo, el Jainismo y los sistemas materialistas.

Por lo tanto, cuando se habla de filosofía hindú se entiende solamente al sistema ortodoxo. Los sistemas ortodoxos son seis aspectos de una misma tradición y, aunque en apariencia puedan ser abiertamente contradictorios, debe entendérselos como proyecciones complementarias de la realidad, intuiciones válidas desde diferentes puntos de vista.

Estos sistemas o puntos de vista sobre la realidad se pueden agrupar de dos en dos de acuerdo a su afinidad: Nyaya-Vaishesika, Samkhya-Yoga y Mimansa-Vedanta

ORTODOXOS		HETERODOXOS
Vedanta	Mimansa	Budismo
Yoga	Samkhya	Jainismo
Nyaya	Vaishesika	Materialistas

Mimansa o Purva Mimansa

Literalmente significa "primera interpretación". Su autor fue el sabio Jaimini. Aclara el aspecto litúrgico de los Vedas; es una ciencia sacerdotal y ritual que expone una filosofía mántrica basada en el sonido. Con el tiempo, fue prácticamente absorbida por la Vedanta.

Purva significa "la parte primera", *mimansa* significa "indagación o interpretación". Así que la traducción completa sería "una indagación o interpretación de la primera parte de los antiguos Vedas".

Este sistema investiga primordialmente los ritos védicos y sus usos. Su principal objetivo es establecer la autoridad de los Vedas. La liberación de la esclavitud es, según esta escuela, una liberación de la acción actuando en forma desapegada. Predominan los rituales o acciones adecuadas para alcanzar el objetivo deseado. En suma, los rituales son las acciones adecuadas para alcanzar Liberación.

Vedanta

Significa "fin de los Vedas". Es también denominado "Uttara mimansa" o interpretación posterior, cuyo autor fue Vyasa.

Según Shankara, el pensador y comentador más conocido de este sistema, sólo existe lo absoluto, Brahman, y todo lo demás es ilusión, Maya. El propósito es eliminar la ilusión y tomar conciencia de la identidad entre el espíritu individual y el espíritu universal. Esta filosofía se divide en tres sistemas autónomos:

a) Vedanta Dvaita o dual: Madhva predicó su doctrina Dvaita, que acentuaba claramente la naturaleza dual de la realidad, es decir, que existe un Dios y existen las entidades vivientes, y que los dos nunca son uno. Según esta escuela de filosofía, Dios, el alma y el mundo están separados. Y aunque los tres son reales y eternos, los dos últimos están subordinados a Dios y dependen de Él.

b) Vedanta Advaita o no dual: descripto por Shankara, es el sistema monista (*mono, uno, no dual*) indiferenciado que mencionaremos más abajo.

c) Vedanta Advaita Vishishtadvaita o Kevala: sistema no dual diferenciado. Sistema monista (no dos) diferenciado de Ramanuja (1055-1137): el principio divino (Brahman) es real e independiente del mundo y el alma. Es el camino del medio entre Shankara y Madhva.

Los tres sistemas vedánticos que integran un único sistema, están de acuerdo en que no se deben descartar los hallazgos del Samkhya; sin embargo, sostienen que hay solamente una Última Realidad.

Vaishesika

Significa "excelencia" o "características individuales". Fundado por Kanada. Se trata de una doctrina atomística, según la cual los átomos en sí carecen de extensión, pero al combinarse se vuelven extensos y visibles; por otro lado, los espíritus individuales se unen y se separan de ellos, dando lugar a la vida y la muerte. También significa "particularidad", debido al hecho de que este sistema desarrolla la teoría de la particularidad. Describir esta teoría excede el nivel trazado en estas páginas. Este punto de vista (darshana) va prácticamente de la mano con el Nyaya. Clasifica todo el conocimiento del mundo atómico bajo realidades básicas como éter, aire, luz, agua, tierra, tiempo, alma, mente. Discute cómo las distintas combinaciones de estas nueve realidades básicas dan nacimiento a todas las cosas. Es un movimiento que en su momento fue toda una 'onda verde' que revolucionó los conceptos tradicionales.

Es esencialmente ateísta y dualista; enseña que la realidad está hecha de alma y materia, y que la materia está compuesta de átomos infinitamente pequeños, eternos e indestructibles, correspondientes a los elementos tierra, agua, aire, fuego y éter. Postula sustancias inmateriales como el tiempo, espacio, alma y mente. El mundo existe con independencia de las mentes pensantes.

Nyaya

Literalmente, "análisis" y "razonamiento lógico". Fundado por Gotama o Gautama, está basado en la lógica y en el razonamiento de acuerdo a ciertas normas. Es un sistema de lógica y está interesado en los medios para adquirir conocimiento correcto. Sostiene una filosofía de razonamiento lógico. La gran contribución de esta escuela fue la fabricación de las herramientas de indagación y su formulación de la técnica de argumentación.

Samkhya

Fundado por Kapila, para algunos autores significa "enumeración" y para otros —si separamos el vocablo— tenemos *Sat*: "verdad", "existencia" y *Khya*, "saber". Expone y enumera una teoría evolutiva de la creación a partir de dos principios eternos y complementarios que son, por un lado, la materia (Prakriti) y por otro lado una infinidad de espíritus individuales, Purusha. Este sistema enumera veinticuatro tattvas o categorías de la Manifestación Universal, los cuales derivan no de dos, Purusha y Prakriti, espíritu y materia. *Samkhya* significa también "conocimiento discriminativo", ya que da el conocimiento necesario para diferenciar entre Purusha y Prakriti. Es un sistema realista, dualista y pluralista, filosofía base del Ayurveda y del Yoga.

Yoga

El término proviene de *yug*, "unión". Fundado por Patanjali, ya se ha hablado y dicho mucho acerca del Yoga. Tan sólo mencionaremos que adopta gran parte de la teoría Samkhya, pero insiste en que, para liberarse y poder contemplar la realidad tal como es, resulta primordial la práctica de técnicas específicas. Es el aspecto práctico de la doctrina Samkhya. En Yoga, el interés primario está en los medios a través de los cuales el individuo puede controlar su mente y, de este modo, conocer la Realidad de su Yo por directa experiencia. Para ello se utilizan múltiples métodos divididos en ocho etapas (ashtanga Yoga).

Son seis las filosofías tradicionales de la India, pero no son las únicas existentes. Hay muchas otras 'no tradicionales' que son también muy importantes.

Vamos a ampliar un poco más la dualista Samkhya y la no dualista Vedanta, pero antes mencionaré una filosofía cuántica poco conocida y no mencionada que es la Sunyata (léase *shuniata;* en sánscrito, "calidad de lo vacío"). En el marco de varias filosofías orientales, se trata de lo carente de realidad, sin entidad, lo que no es, lo insustancial, lo deshabitado, lo vacío, la vacuidad, la vaciedad. Similar en su base filosófica cuántica al Zen japonés y al Tao Te King chino de Lao Tsé, Sunyata significa que no hay nada que posea una esencia individual y, por lo tanto, que todo está vacío, sin una realidad independiente. Todo lo que existe está relacionado y es interdependiente, y la aparente pluralidad de individualidades es un carácter ilusorio de nuestra existencia.

Cabe destacar que el concepto de Sunyata nunca implica que la realidad no exista; no equivale al cero o a una ausencia total. No es sinónimo de Nihilismo. Este concepto fue muy desarrollado filosóficamente a partir de la noción de la no existencia de individualidad (anatman) y que toda enseñanza sobre la naturaleza de la realidad se desarrollará a fin de ayudar a comprender qué es esa vacuidad.

La escuela no teísta Samkhya de la India desarrollada por el sabio rishi Kapila, es la base del Ayurveda y del Yoga.

Estamos ante un sistema realista, dualista y pluralista. Es un realismo porque reconoce la realidad del mundo externo; es un dualismo porque sostiene que hay dos realidades fundamentales distintas, el espíritu y la materia; y es un pluralismo porque cree en una pluralidad de espíritus. El Samkhya clásico es ateo.

En el sistema Yoga, que está estrechamente vinculado al Samkhya, es donde se introduce la creencia en Dios.

La base doctrinal del Samkhya es la distinción entre dos elementos básicos en el universo llamado *Purusha* ("materia, naturaleza") y *Prakriti* ("espíritu, alma"). La evolución de la naturaleza se explica por la variante distribución de sus tres cualidades o gunas que vimos: la calidad de la luz y el bien (Sattva); la cualidad de la oscuridad y la inercia (Tamas), la cualidad de la pasión y la energía (Rajas).

El Ayurveda también representa en muchos aspectos el lado práctico o de aplicación del sistema Samkhya.

La fundación del Samkhya, dijimos, se atribuye a Kapila. Según esta filosofía el sujeto es llamado Purusha y el objeto es Prakriti, la naturaleza.

Según la Vedanta, Jivatman es el sujeto y Maya el objeto, donde Maya es ilusión (engaño de nuestros sentidos de qué es lo real). Se trata de la naturaleza misma como resultado de esa información vibracional que es la materia con nombre y forma. Por lo tanto nace (dios Brahma, creador; no confundir con Brahman), se sostiene (dios Vishnu, conservador) y perece (dios Shiva, transformador).

Purusha es lo inmanifiesto. Como el Brahman de la Vedanta, se llega a su conocimiento por lo que no es (*neti neti*, no tiene nombre, no tiene forma, no tiene cualidades), nunca por lo que es; luego, Pakriti es lo manifiesto, es decor, todo, la naturaleza.

Purusha es ese elemento cuántico e ilimitado a partir del cual luego se desarrolla el mundo físico (Pakriti o Prakriti).

Purusha está más allá del espacio, del tiempo y de la causalidad. Purusha existe antes de la creación, es la sopa cuántica energética que forma todo.

Pakriti es el objeto del conocimiento; cambiante y dinámico, representa al cuerpo, la mente, los sentidos y a la energía femenina o yin chino.

A partir del Pakriti y el Purusha, y por intermedio de la triguna, nace el Mahat, Mente Universal o Cósmica, para dar lugar a la Mente Individual o Antahkarana. Purusha y Pakriti forman la triguna:

- Sattva, un modelo de equilibrio o equilibrio.

- Rajas, un modelo de expansión o actividad.

- Tamas, un modelo de inercia o resistencia a la acción.

Toda la creación utiliza estas plantillas. Los veinticuatro principios que evolucionan son:

1) *Prakriti*, la más sutil potencialidad que está detrás de todo lo que se creó en el universo físico, también llamado "materia primordial". También es un estado de equilibrio entre los tres Gunas.

2) *Mahat*, el primer producto de la evolución de Prakriti, pura potencialidad. Mahat se considera también el principio responsable de la bajada del Buddhi o inteligencia en los seres vivos.

3) *Ahamkara* ego o segundo producto de la evolución. Es responsable de la autonomía en el sentido de los seres vivos. También es uno de identificación con el mundo exterior y su contenido.

4 a 8) Los Pancha Tanmatra son la forma sutil de Pancha Maha bhutas (cinco grandes elementos). Cada uno de estos Tanmatra están hechos de los tres Gunas.

9) Antahkarana se desarrolla a partir de Pancha Tanmatra.

10 a 14) Pancha Jñana Indriyas o cinco órganos de los sentidos.

15 a 19) Pancha Karma Indriyas o cinco órganos de acción.

19 a 24) Pancha maha bhuta o cinco grandes elementos –éter, aire, fuego, agua y tierra–.

Tal como pusiera en *Ayurveda y Metafísica*, Purusha y Pakriti son el Principio de Polaridad, Correspondencia, Vibración, Ritmo, Causa y Efecto, Generación y Mentalismo. Es todo eso y más aún. Son la causa y efecto del espíritu y la materia.

La filosofía hindú Vedanta (de *vedas*: "conocimiento"; *antash*: "último", "esencia") es la parte final de los Vedas, los cuatro libros más antiguos que existen en el Planeta y que constituyen las sagradas escrituras hindúes; sería su esencia o su mensaje más importante, que incluye la Bhagavad Gita, los Bramasutras y las Upanishads.

Su visión No Dual o *Advaita* habla de la relación imaginaria y equivocada de la separación o diferenciación que vimos entre sujeto y objeto.

Para la Vedanta, la conciencia (y la seguimos definiendo) presenta en el ser humano tres manifestaciones: instinto (que es tamásico, el hombre instintivo es sólo un semi animal), experiencia (que es rajásica y son tan sólo las impresiones causadas en la mente), y la intuición (cuántica, sáttvica o pura, el reflejo más nítido de la verdadera sabiduría del ser, de sí mismo).

El sabio *rishi* Shankara (VIII d.C. 788-820), también autor del Auto Conocimiento o Atma Bodha, fue el que más revitalizó esta filosofía del Dharma y de la Vedanta. La Vedanta Advaita de Shankara no es una religión, no tiene dioses, templos ni sacerdotes; afirma que el universo dual (sujeto-objeto) es cambiante, razón por la cual nos enfrentamos a diario con la inestabilidad y nos lleva a no saber quiénes somos realmente.

Describe cinco causas (*Kleshas*) de sufrimiento humano:
1. Ignorancia de la naturaleza de la realidad No Dual (Prajna parada)
2. Identificación con el Ego.
3. Atracción hacia objetos de deseo.
4. Repulsión de objetos de deseo.
5. Miedo a la muerte.

La psicología/filosofía/religión Vedanta sostiene que el individuo debería realizar un viaje hacia adentro y encontrar la verdad, en vez de identificarse con un cuerpo, un nombre, una religión, un país o el pasado.

Las emociones, remordimientos y las comparaciones pueden dañar mucho si se repiten e inclusive modificar absolutamente toda la persona, hasta su conciencia.

Según la filosofía Vedanta, Maya es el objeto, la materia; la naturaleza sería la Prakriti de la Samkhya. Es la creación, conservación y destrucción del universo y de todas sus cosas con sus nombres y formas. Maya tiene dos poderes: el de velar u ocultar la realidad (avarana shakti) y el de proyectar una falsa realidad (vikshepa shakti). Ambos poderes descansan en los órganos de los sentidos que vimos antes, de percepción (ocultar) y de acción (proyectar).

Correr el velo de la ignorancia del maya es la esencia védica; el maya oculta la verdad y ve todo como atracción o repulsión de la mente, es decir que ve todo dual.

Existen dos maya o ilusiones: el maya cósmico o samasti, que involucra todo el universo; dentro de él, el maya individual o vyasti. Todos están formados por la triguna.

Las enseñanzas de las principales Upanishads, la Bhagavad Guita y el Brahma-Sutra (o los Brahma Sutras), dan un resumen generalmente aforístico de las enseñanzas de la Vedanta y son consideradas como el triple canon de la Vedanta. En la última Upanishads, la Mandukya Upanishad, Gaudapada comenta que la mente oculta y tergiversa *(avarana y vikshepa)* la verdadera realidad.

Todo lo que esté formado por átomo, es decir, todo lo viviente y todos los objetos (incluyendo galaxias), tarde o temprano perecerán y volverán al cuanto, Purusha, Brahman, Espíritu, Dios. Es *Eso.*

Eso es lo único real que no cambia pues no tiene ni nombre ni forma *(nirguna*, sin cualidades), por eso el sutra Tat Tuam Asi (Tu eres Eso).

Cuando todo es negado *(neti neti,* "no es esto", "no es esto otro") lo que queda es el Ser, cuando el Ser es negado, lo que queda sigue siendo el Ser. El ser consciente del maya o engaño del mundo ayuda a discernir de lo falso a lo real. La felicidad que venga de afuera es momentánea y falsa, sujeta a modificaciones cotidianas.

Jiva es el individuo en cuerpo y mente, jivatman es el individuo y su alma.

Según la Vedanta, no tenemos total control sobre la mente y el ego, pero podemos aminorar y eliminar gradualmente sus tendencias no favorables e impresiones sutiles por el proceso constante de profundo e íntimo auto-conocimiento y purificación.

Para la Vedanta, si sacamos todos los límites, el jiva se expande y se funde con Atman (Alma), que es Brahman (Espíritu). Todos somos Jiva, Atman y Brahman. Es decir, *So Ham* ("Yo soy Él"). Jiva es la ola (que se funde en el mar), Atman el mar, Brahman el océano. En definitiva somos los Tres.

En toda su obra, Sri Shankaracharya (recordemos, *acharya* significa "maestro") pone énfasis sobre el discernimiento, la aceptación y el desapego, conceptos que repetimos a lo largo del libro; decía: "Si la verdad suprema se desconoce, el estudio de las escrituras es inútil. Si la verdad suprema se comprende, el estudio de las escrituras es estéril".

Dice Nisargadatta Maharaj que la búsqueda filosófica de Dios, del Mesías, del Espíritu, del Gurú y de uno mismo, son idénticas. Cuando se encuentra uno, se encuentra a todos.

"Nunca he nacido como cuerpo.
No soy los diez sentidos.
No soy ni mente, ni ego, ni intelecto.
No soy el que hace, no soy el que consume.
Soy mi propia naturaleza,
eternamente pura.
Eternamente sabia.
Simplemente soy el observador de la naturaleza
e impregno a todos los seres vivientes como alma que todo lo presencia".

(Sarvasar Upanishad)

ÍNDICE